जोश मलीहाबादी

लोकप्रिय शायर और उनकी शायरी

जोश मलीहाबादी

संपादक : प्रकाश पंडित
सह-संपादक : सुरेश सलिल

जोश मलीहाबादी की जीवनी और उनकी बेहतरीन
नज़्में, ग़ज़लें, रुबाइयाँ और शे'र

राजपाल

ISBN : 9789386534002

JOSH MALIHABADI (Life-Sketch & Poetry)

Editor : Prakash Pandit, Associate Editor : Suresh Salil

राजपाल एण्ड सन्ज़

1590, मदरसा रोड, कश्मीरी गेट-दिल्ली-110006

फोनः 011-23869812, 23865483, फैक्सः 011-23867791

e-mail : sales@rajpalpublishing.com

www.rajpalpublishing.com

www.facebook.com/rajpalandsons

क्रम

काम है मेरा तग़य्युर; नाम है मेरा शबाब
मेरा नारा 'इंक़िलाब-ो, इंक़िलाब-ो, इंकिलाब'

जीवनी

प्रकाशन विभाग, ओल्ड सेक्रेटेरियेट, पुरानी दिल्ली के एक गोल कमरे में, जो मासिक पत्रिका 'आजकल' (उर्दू) के संपादक का कमरा है, दमकते चेहरे, चौड़े माथे, भारी-भरकम देह और बड़े रौबीले व्यक्तित्व के एक व्यक्ति ने चाँदी की डिबिया से पान निकालकर मुँह में डाला, फिर रेशमी बटुए से छालियाँ निकालते हुए सामने कुर्सियों पर विराजमान आठ-दस भद्र पुरुषों में से एक से पूछा—

"कहिए, ख़ैरियत से तो हैं?"

"जी, नवाज़िश है," सम्बोधित सज्जन ने नम्रतापूर्वक उत्तर दिया। "आप फ़रमाइये, आपके मिज़ाज कैसे हैं?"

"मेरे मिज़ाज!" क़िवाम की शीशी में से थोड़ा-सा क़िवाम मुँह में डालते हुए उस रौबीले व्यक्ति ने कहा, "मेरा तो एक ही मिज़ाज है साहब! पोते अलबत्ता बहुत-से हैं।"

"ओह! मुआफ़ फ़रमाइयेगा।" सम्बोधित सज्जन ने बौखला कर अपनी एकवचन और बहुवचन की ग़लती स्वीकार करते हुए कहा।

"कैसे तशरीफ़ लाए?" रौबीले व्यक्ति ने फिर से प्रश्न किया।

"जी, बहुत अर्सा से नियाज़ हासिल नहीं हुआ था, सोचा—"

लेकिन इससे पहले कि वे कुछ सोचते या सोची हुई बात कहते, उस रौबीले व्यक्ति ने उन्हें एक और पटख़नी दे डाली—

"अच्छा, अच्छा, बहुत मैदान[1] से नियाज़ हासिल नहीं हुआ था।"

"ओह ! मुआफ़ फ़रमाइयेगा, सम्बोधित सज्जन ने और भी बौखला कर अपने शब्द-प्रयोग की अशुद्धि स्वीकार की और चुप हो गए।

उस रस रौबीले व्यक्ति ने, जो अपने हाव-भाव से बहुत भुलक्कड़ मालूम होता था, शायद किसी काम के याद आ जाने से हवा में एक प्रश्न उछाला : "आज क्या तारीख़ है?"

---

1. अरबी शब्द 'अर्सा' का शाब्दिक अर्थ 'मैदान' है।

"उन्नीस।" उत्तर देने वाले ने अपनी ओर से पूरे विश्वास के साथ उत्तर दिया।

"शायद उन्नीस से आपकी मुराद उन्नीसवीं से है।"

"जी हाँ, जी हाँ।" फिर उसी पहले सज्जन की-सी बौखलाहट का प्रदर्शन हुआ।

"हद है साहब।" रौबीले व्यक्ति ने कहना शुरू किया—"यह नई नस्ल ज़बान का सत्यानास कर देगी। क्यों जनाब! बीसवीं सदी को आप बीस सदी कहेंगे?"

"जी, ग़लती हो गयी।" ग़लती करने वाले ने और भी लज्जित होकर कहा और चुप हो गया। लेकिन थोड़ी देर के बाद किसी दूसरे सज्जन ने साहस से काम लेते हुए कहा, "लेकिन जोश साहब! लोग तो उन्नीसवीं तारीख़ को उन्नीस तारीख़ ही कहते हैं।"

उस भारी-भरकम देह और रौबीले व्यक्तित्व के मालिक 'जोश मलीहाबादी' ने इस वाक्य पर व्यंग्यपूर्वक मुस्कुराकर कहा, "लोग इस मुल्क के जाहिल हैं साहबज़ादे! मैं आम लोगों से नहीं तुम लोगों से मुख़ातिब हूँ—तुम, जो अपने-आपको अदीब और शायर कहते हो। अगर तुम लोगों ने ही ज़बान की हिफ़ाज़त करने की बजाय उसे बिगाड़ना शुरू कर दिया तो..." अब 'जोश' साहब बाक़ायदा भाषण दे रहे हैं। कुछ बातें वे ठीक कह रहे हैं और कुछ ऐसी भी कह रहे हैं जिन पर आपत्ति हो सकती है। ये बातें भाषा और साहित्य, धर्म तथा राजनीति, सामाजिक बन्धनों तथा व्यक्तिगत स्वतन्त्रता, मानव-विकास तथा समाज में स्त्री का स्थान, सामन्तशाही, पूँजीवाद, साम्राज्यवाद, समाजवाद, साम्यवाद इत्यादि विभिन्न विषयों को छू रही हैं और इन पर वे लगातार बोल रहे हैं। श्रोतागण मौन हैं। 'जोश' साहब का साहित्यिक स्थान, महत्ता और रौबीला व्यक्तित्व उनकी किसी ग़लत बात पर भी आपत्ति करने का साहस पैदा नहीं होने देता कि एकाएक स्वयं 'जोश' साहब अपनी पहले कही हुई किसी ग़लत बात का खण्डन करने लगते हैं। एक ओर वे साम्यवाद को मानव-मुक्ति का एकमात्र साधन मानते हैं, तो दूसरी ओर यन्त्र पर हल को और नागरिक जीवन पर ग्रामीण जीवन को प्रधानता देते हैं। ज्ञान को स्त्री के सौन्दर्य की मृत्यु और स्त्री को पुरुष की कामतृप्ति का एक साधन-मात्र सिद्ध करते हैं।

'जोश' साहब के विचारों का यह परस्पर विरोध उनकी पूरी शायरी में मौजूद है और इसकी गवाही देते हैं 'अर्शोफ़र्श' (धरती-आकाश), 'शोला-ओ-शबनम' (आग और ओस), 'संबलो-सलासिल' (सुगन्धित घास और ज़ंजीरें) इत्यादि

उनके कविता-संग्रहों के नाम और उनकी निम्नलिखित रुबाई से तो उनकी पूरी शायरी के नैन-नक्श सामने आ जाते हैं :

झुकता हूँ कभी रेगे-रवाँ[1] की जानिब,
उड़ता हूँ कभी कहकशाँ[2] की जानिब,
मुझ में दो दिल हैं, इक मायल-ब-ज़मीं[3],
और एक का रुख़ है आस्माँ की जानिब।

'जोश' की इस परस्पर-विरोधी प्रवृत्ति को समझने के लिए आवश्यक है कि उस वातावरण को, जिसमें उनका पालन-पोषण हुआ और उन सामाजिक और राजनैतिक परिस्थितियों को, जिनमें शायर ने अपनी आँख खोली, सामने रखा जाए, क्योंकि मनुष्य का सामाजिक बोध सदैव समाज की परिवर्तनशील भौतिक परिस्थितियों ही से रसपान करता है और वह चीज़ जिसका नाम 'घुट्टी' है, मनुष्य के जीवन में बहुत महत्त्व रखती है।

शबीर हसन खाँ 'जोश' का जन्म 5 दिसम्बर, 1894 ई. को मलीहाबाद (ज़िला लखनऊ) के एक जागीरदार घराने में हुआ। परदादा फ़क़ीर मोहम्मद 'गोया' अमीरुद्दौला की सेना में रिसालदार भी थे और साहित्य क्षेत्र के शहसवार भी। एक 'दीवान' (ग़ज़लों का संग्रह) और गद्य की एक प्रसिद्ध पुस्तक 'बस्ताने-हिकमत' यादगार छोड़ी। दादा मोहम्मद अहमद खाँ, 'अहमद' और पिता बशीर अहमद ख़ाँ 'बशीर' भी अच्छे शायर थे। यों 'जोश' ने उस सामन्ती वातावरण में पहली श्वास ली, जिसमें काव्य प्रवृत्ति के साथ-साथ घमंड, स्वेच्छाचार, अहं तथा आत्मश्लाघा अपने शिखर पर थी। गाँव का कोई व्यक्ति यदि तने हुए धनुष की तरह शरीर को दुहरा करके सलाम न करता था तो मारे कोड़ों के उसकी खाल उधेड़ दी जाती थी (स्वयं 'जोश' भी एक शरीर पर अपनी मज़बूत छड़ी आज़मा चुके हैं)। ज़ाहिर है कि जन्म लेते ही 'जोश' इस वातावरण से अपना पिंड न छुड़ा सकते थे, अतएव उनमें भी वही 'गुण' उत्पन्न हो गए जो उनके पुरखों की विशेषता थी। अपने बाल्यकाल के सम्बन्ध में स्वयं उनका कहना है :

"मैं लड़कपन में बहुत बदमिज़ाज था। गुस्से की हालत यह थी कि मिज़ाज के ख़िलाफ़ एक ज़रा बात हुई नहीं कि मेरे रोयें-रोयें से चिंगारियाँ निकलने लगती थीं। मेरा सबसे प्यारा शग़ल यह था कि एक ऊँची-सी मेज़ पर बैठकर अपने हम-उम्र बच्चों को जो जी में आता अनाप-शनाप दर्स (पाठ) दिया करता था।

1. बहती हुई रेत 2. आकाश-गंगा 3. धरती की ओर जिसका रुख़ है।

दर्स देते वक़्त मेरी मेज़ पर एक पतली-सी छड़ी रखी रहती थी और जो बच्चा ध्यान से मेरा दर्स नहीं सुनता था, उसे मैं छड़ी से इस बुरी तरह पीटता था कि बेचारा चीख़ें मार-मार कर रोने लगता था। माली हैसियत (आर्थिक रूप) से वह मेरी इन्तहाई फ़ारिग़-उल्बाली (सम्पन्नता) का ज़माना था। घर में दौलत पानी की तरह बहती थी। इस पर हाकिम होने का तनतना भी था।''

इस वातावरण में पला हुआ रईसज़ादा, जिसे नई शिक्षा से पूरी तरह लाभान्वित होने का बहुत कम अवसर मिला[1] और जिसके स्वभाव में शुरू ही से उद्दण्डता थी, अत्यन्त भावुक और हठी बन गया। युवावस्था तक पहुँचते-पहुँचते उनके कथनानुसार वे बड़ी सख़्ती से रोज़े-नमाज़ के पाबंद हो चुके थे। नमाज़ के समय सुगन्धित धूप जलाते और कमरा बन्द कर लेते थे। दाढ़ी रख ली और चारपाई पर लेटना और मांस खाना छोड़ दिया था और भावुकता इस सीमा पर पहुँच चुकी थी कि बात-बात पर उनके आँसू निकल आते थे। ऐसी अवस्था में एकाएक यह होता है कि :

''मेरी नमाज़ें तर्क हो गयीं[2]। दाढ़ी मुँड गयी, आँसू निकलना बन्द हो गये और अब मैं इस मंज़िल पर आ गया जहाँ हर पुराना एतिक़ाद (विश्वास) और हर पुरानी रिवायत (परम्परा) पर एतिराज़ करने को जी चाहता है और एतिराज़ भी अहानत-आमेज़ (अपमानजनक)।''

इस मंज़िल पर पहुँचकर उनकी भावुकता ने उनके सामाजिक सम्बन्धों पर कुठाराघात किया। उन्होंने अपने पिता से विद्रोह किया[3]। पूरे परिवार से विद्रोह

---

1. 'जोश' ने घर पर उर्दू-फ़ारसी की पाठ्य-पुस्तकें पढ़ीं। फिर अंग्रेज़ी शिक्षा के लिए सीतापुर स्कूल, जुबली स्कूल, लखनऊ और सेंट पीटर कॉलेज आगरा और अलीगढ़ में भी प्रविष्ट हुए, लेकिन पूरी तरह कहीं भी न पढ़ सके।

अपनी शायरी के लटके के बारे में वे कहते हैं—''मैंने नौ बरस की उम्र से शे'र कहना शुरू कर दिया था। 'शे'र कहना शुरू कर दिया था'—यह बात मैंने ख़िलाफ़े-वाक़ेआ और ग़लत कही है। क्योंकि यह किसी इन्सान की मजाल नहीं कि वह ख़ुद से शे'र कहे। शे'र अस्ल में कहा नहीं जाता, वो तो अपने को कहलवाता है। इसलिए सही तर्ज़े-बयान अख़्तियार करके मुझे यह कहना चाहिए कि नौ बरस की उम्र से शे'र ने मुझसे अपने को कहलवाना शुरू कर दिया था। जब मेरे दूसरे हम-सिन (समवयस्क) बच्चे पतंग उड़ाते और गोलियाँ खेलते थे, उस वक़्त किसी अलहदा गोशे (एकान्त स्थान) में शे'र मुझसे अपने को कहलवाया करता था।''

2. छूट गयीं 3. ''मेरे पिता ने बड़ी नर्मी से मुझे समझाया, फिर धमकाया, मगर मुझ पर कोई असर न हुआ। मेरी बग़ावत बढ़ती ही चली गयी। नतीजा यह हुआ कि मेरे बाप ने वसीयतनामा लिखकर मेरे पास भेज दिया कि अगर अब भी मैं अपनी ज़िद पर कायम रहूँगा तो सिर्फ़ 100 रुपये माहवार वज़ीफ़े के अलावा कुल जायदाद से महरूम कर दिया जाऊँगा। लेकिन मुझ पर इसका कोई असर न हुआ।''

किया। धर्म, नैतिकता, राज्य, समाज, भगवान अर्थात् हर चीज़ से विद्रोह किया जो उन्हें अपनी प्रकृति के प्रतिकूल प्रतीत हुई; और विद्रोह का यह प्रसंग इतनी कटुता धारण कर गया कि कई अवसरों पर उन्होंने केवल विद्रोह के लिए विद्रोह किया और स्वयं को सर्वोच्च समझकर :

दूसरे आलम[1] में हूँ, दुनिया से मेरी जंग है।

ऐसा दो टूक फ़ैसला दिया और आत्मगौरव को इस सीमा तक ले गये :

हश्र[2] में भी ख़ुसरवाना शान से[3] जायेंगे हम
और अगर पुरसिश[4] न होगी तो पलट आयेंगे हम

उस समय उनकी आयु 23-24 वर्ष की थी जब उन्होंने पहले 'उमर ख़य्याम' और फिर 'हाफ़िज़' की शायरी का अध्ययन किया। फ़ारसी भाषा के ये दोनों महान कवि अपने काल के विद्रोही कवि थे। थोड़े से भेद के साथ दोनों अपने समय के नैतिक तथा धार्मिक सिद्धान्तों को ढकोसला समझते थे और मनुष्य को इन ढकोसलों से स्वतन्त्र होकर समस्त सांसारिक आनन्दों से आनन्दित होने का उपदेश देते थे (मदिरापान को उन्होंने विशेष महत्त्व दिया)। उनके विचार में जीवन के जो क्षण मनुष्य को प्राप्त हैं, वही उसके अपने हैं और उसे चाहिए कि उन क्षणों को अधिक-से-अधिक प्रसन्नतापूर्वक जिये। 'जोश' को ये सिद्धान्त अपनी विद्रोही प्रकृति के ठीक अनुकूल जँचे और उन्होंने इन सिद्धान्तों को ज्यों-का-त्यों अपना लिया। उमर ख़य्याम और हाफ़िज़ के सिद्धान्तों ही को नहीं, जहाँ से और जब भी उन्हें अपनी शायरी के अनुकूल सिद्धान्त मिले, वे उनके व्यक्तित्व और फिर उनकी शायरी का अंग बन गये। अध्ययन का अवसर मिला तो वे मिल्टन, शैले, बायरन और वर्ड्ज़वर्थ से भी प्रभावित हुए और आगे चलकर गेटे, दांते, शॉपिनहार, रूसो और नित्शे से भी। विशेषकर नित्शे से वे बुरी तरह प्रभावित हुए। नित्शे, गेटे के बाद वाली पीढ़ी का दार्शनिक साहित्यकार था, जिसने जर्मनी में एक ज़बर्दस्त केन्द्रीय राज्य और केन्द्रीय शक्ति का समर्थन किया और महामानव (Super Man) का ऐसा आदर्श चित्र खींचा, जो शारीरिक, बौद्धिक, आध्यात्मिक, राजनैतिक, सामाजिक अर्थात् समस्त प्रकार की महान् शक्तियों का संग्रह तथा प्रतिरूप हो; जो ऊपर के वर्ग का प्रतिनिधि हो और

---

1. संसार 2. प्रलय के समय भगवान के सामने 3. बादशाही शान से 4. आव-भगत।

जन-साधारण के अधिकारों की उपेक्षा करके शक्ति को अपनी मंज़िल बना सके।[1] उसने हर प्रकार के नैतिक सिद्धान्त, अहिंसा और समानता को अस्वीकार किया। ईश्वर की सत्ता से इनकार किया। संसार में सबसे अधिक महत्त्व 'मैं' (अहं) को दिया और स्त्री को पुरुष की सेवा और मनोविनोद का एक साधन सिद्ध किया। प्रत्यक्ष है कि 'जोश' की विद्रोही प्रकृति का इस प्रकार के सिद्धान्तों से कितना सीधा सम्बन्ध हो सकता था। उन्होंने नित्शे के हर विचार को अपनी नीति और नारा बना लिया और अपनी हर रचना पर 'बिस्मिल्लाह' ('ख़ुदा के नाम से शुरू करता हूँ') के स्थान पर 'ब-नामे-कुव्वतो-हयात' ('शक्ति तथा जीवन के नाम') लिखना शुरू कर दिया।

उमर ख़य्याम, हाफ़िज़ और नित्शे से प्रभावित होने के अतिरिक्त देश की राजनैतिक परिस्थितियों ने भी उन पर सीधा प्रभाव डाला और उनकी विद्रोही प्रवृत्ति को बड़ी शक्ति मिली। अतएव जब उन्होंने :

अलअमानो-अलहज़र[2] मेरी कड़क मेरा जलाल[3]
ख़ून, सफ़्फ़ाकी[4], गरज, तूफ़ान, बरबादी, क़िताल[5]
बरछियाँ, भाले, कमानें, तीर, तलवारें, कटार
बरक़ी[6] परचम[7], अलम[8], घोड़े, पियादे, शहसवार
आँधियों से मेरी उड़ जाता है दुनिया का निज़ाम[9]
रहम का एहसास है मेरी शरीअत[10] में हराम
मौत है ख़ुराक मेरी, मौत पर जीती हूँ मैं
सेर होकर[11] गोश्त खाती हूँ, लहू पीती हूँ मैं ('बग़ावत')

ऐसी भयानक नज़्में लिखनी शुरू कीं तो देश की जनता ने, जो अंग्रेज़ी राज्य में बुरी तरह पिस रही थी, देश की स्वतन्त्रता के लिए मिट रही थी, मिट-मिट कर उभर रही थी और परतन्त्रता तथा अंग्रेज़ों के प्रति घृणा के हर बोल को छाती से लगा रही थी, 'जोश' के नारों को उठा लिया। वह बड़ा हंगामों-भरा ज़माना था। इधर भारत अंग्रेज़ी साम्राज्य की ज़ंजीरों में जकड़ा हुआ स्वतन्त्रता के लिए प्रयत्नशील था, उधर रूस की क्रान्ति के बाद एक नया जीवन-दर्शन पूरे

---

1. "शक्ति प्राप्त करो और प्रत्येक नैतिक सिद्धान्त को ठुकरा दो, चाहे इसके लिए तुम्हें कितने ही दुर्बल व्यक्तियों को कुचलना पड़े ..." (नित्शे)

2. ख़ुदा की पनाह, 3. तेज, 4. हिंसा, मारकाट, 5. युद्ध 6. बिजली की-सी शक्ति (तेज़ी) रखने वाले 7, 8. पताका 9. व्यवस्था 10. धर्म 11. पेट भरकर।

संसार को अपनी ओर आकृष्ट कर रहा था। अंग्रेज़ों ने इस नये जीवन-दर्शन का वास्तविक रूप-रंग भारत तक नहीं पहुँचने दिया और न उस समय भारत में श्रमजीवियों की कोई ऐसी संगठित संस्था थी जो वर्गवाद के प्रकाश में उस स्वतन्त्रता-आन्दोलन और उस नये जीवन-दर्शन का विश्लेषण करके क्रान्तिकारी नेतृत्व कर सकती। अतएव इंक़िलाब को, जिसके अर्थ सामाजिक और राजनैतिक परिवर्तन के हैं, स्वतन्त्रता के अर्थों में लिया गया और 'शायरे-बग़ावत' जोश को 'शायरे-इंक़िलाब' की उपाधि दे दी गयी।

'जोश' के सही साहित्यिक स्थान को समझने में सरदार जाफ़री (उर्दू के प्रसिद्ध शायर और आलोचक) के कथनानुसार—सबसे बड़ी भूल 'शायरे-इंक़िलाब' की उपाधि से होती है। 'इंक़िलाब' का शब्द आज के आलोचकों की दृष्टि को ग़लत मार्ग पर डाल देता है और वे 'जोश' से ऐसी आशाएँ बाँधने लगते हैं जो उनकी शायरी पूरी नहीं कर सकती। 'जोश' की सीधी-सादी 'ऐजीटेशनल' नज़्मों को, जिन्होंने निःसन्देह अपने काल में बहुत बड़ी कार्यपूर्ति की है, भूल से क्रान्तिकारी नज़्मों का नाम दिया गया[1]। यह भूल केवल राष्ट्रीय और विद्रोही नज़्मों तक ही सीमित नहीं रही; 'जोश' की बहुत-सी क्रान्तिवादी नज़्मों को समझने में भी भूल की गयी है। क्रान्तिकारी शायरी में और क्रान्तिवादी शायरी में थोड़े-से हेर-फेर के साथ वही अन्तर है जो यथार्थवाद और रोमांसवाद में है। 'जोश' क्रान्तिकारी नहीं, रोमांसवादी शायर हैं और उनकी क्रान्ति की सद्भावना भी शत-प्रतिशत रोमांसवादी है। यह उद्भावना चूँकि देश-प्रेम तथा देश-स्वतन्त्रता की उत्कट भावना से उत्पन्न हुई, इसलिए ज़रा-सी चोट लगने पर भड़ककर वे आवेश में आ जाते हैं। निर्माण पर विनाश को प्रधानता देते हैं। क्रान्ति को सुन्दर कम और भयंकर अधिक दर्शाते हैं। और यही कारण है कि उनकी इस प्रकार की शायरी में उबाल और गर्मी तो है, गम्भीरता और प्रकाश नहीं। पूँजीपति,

1. 'ईस्ट इण्डिया कम्पनी के फ़रज़न्दों के नाम', 'वफ़ादाराने-अज़ली का पयाम शहनशाहे-हिन्दोस्तान के नाम', 'शिकस्ते ज़िन्दाँ का ख़्वाब' ऐसी नज़्मों की हज़ारों प्रतियाँ छापकर चोरी-छिपे बाँटी गयीं, लाखों ज़बानों पर आईं और बहुत-से लोग स्टेज पर ये नज़्में पढ़ने के कारण गिरफ़्तार हुए। यहाँ यह चर्चा असंगत न होगी कि इस प्रकार की नज़्मों से (जिन्हें कला की महान् कसौटी पर परखते समय भावी आलोचक शायद रद्द कर देगा) 'जोश' ने उर्दू शायरी में एक नई प्रकार की लड़ाकू (Militant) शायरी की नींव डाली है। 'जोश' से पहले स्वर की यह घन-गरज, पहाड़ी झरनों की-सी तीव्र गति, उर्दू के किसी शायर को नसीब नहीं हुई।

मज़दूर और किसान का नाम लेकर वे अपनी छाती कूटते हैं। अपनी घन-गरज से रास्ते के दर्शकों को एकत्र कर लेते हैं और एक ऊँचे स्थान पर खड़े होकर नारा लगाते हैं और इस प्रकार बेचैन होकर गाली देने की उनकी भावना शे'र का रूप धारण कर लेती है। लेकिन इसका अभिप्राय यह नहीं कि आज यदि क्रान्ति की व्याख्या बहुत स्पष्ट हो चुकी है और हम अधिक विश्वास के साथ खरे और खोटे की पहचान कर सकते हैं तो लगभग आधी शताब्दी तक पूरी-की-पूरी पीढ़ी को प्रभावित करने वाले इस शायर की शायरी अपने स्थान से डिग गयी है। क्योंकि यह एक ऐतिहासिक सच्चाई है कि किसी काल की अराजकता तथा अव्यवस्था के विरुद्ध घृणा का नकारात्मक भाव ही, जिसमें अनिवार्य रूप से संकीर्णता शामिल हो जाती है, आगे चलकर स्वीकारात्मक रूप धारण करता है; और वह घृणा आप-ही-आप वैज्ञानिक सिद्धान्तों में ढल जाती है। लेनिन ने टॉल्स्टॉय के सम्बन्ध में कहा था कि टॉल्स्टॉय रोमांसवादी है लेकिन उसने रूसी किसान के दुःखों को बहुत निकट से देखा और समझा है, अतएव उसके साहित्य से रूस की क्रान्ति को पूरी एक शताब्दी की मंज़िल तय करने में सहायता मिली है। ठीक यही बात 'जोश' की शायरी के बारे में कही जा सकती है। वास्तविक रूप से क्रान्तिकारी शायरी न होने पर भी 'जोश' की शायरी ने क्रान्ति के लिए न केवल मार्ग बनाया है, बल्कि हज़ारों-लाखों नौजवानों को क्रान्ति-संग्राम के लिए तैयार किया है। अपनी शायरी द्वारा उन्होंने भारत राष्ट्र को अंग्रेज़ी राज तथा साम्राज्य के विरुद्ध उभारा, प्रतिक्रियावादी संस्थाओं का भंडाफोड़ किया। मूढ़ता, धर्मोन्माद, अन्धविश्वास और परम्परागत नैतिकता की ज़ंजीरें काटीं। अतएव उनकी इस प्रकार की नज़्में आज भी हमारा लहू गरमा देती हैं और उनके अध्ययन से अपने देश, अपनी जाति, अपनी सभ्यता, संस्कृति तथा अपने साहित्य से हमारा प्रेम दुगना हो जाता है।

'जोश' साहब बड़े नफ़ासतपसन्द, साहसी, निडर और भावुक हैं। अभी बड़े कर्कश और व्यंग्य भरे शब्दों में वे आपकी भाषा, परिभाषा, उच्चारण तथा वर्णन की त्रुटियाँ गिनवा रहे हैं और अभी आपकी किसी रचना की प्रशंसा करते हुए आपकी पीठ ठोंक रहे हैं। किसी ऐसे मुशायरे में, जिसमें मुल्ला लोगों की संख्या अधिक होगी, वे जान-बूझकर ऐसी नज़्में या रुबाइयाँ सुनाएँगे जिनमें मुल्लाओं और आस्तिकों को फटकारा गया हो। सरकारी लोगों की महफ़िल होगी तो उन्हें अपनी नज़्म 'मातमे-आज़ादी' (जो इस संकलन में मौजूद है) याद

आ जाएगी; और स्त्रियों की संख्या अधिक होगी तो झूम-झूमकर 'हाये जवानी हाये ज़माने' अलापना शुरू कर देंगे। मुल्ला लोग नाक-भौं सिकोड़ते हैं। सरकारी दफ़्तरों में चेमिगोइयाँ होती हैं और स्त्रियाँ 'वॉक-आउट' तक कर जाती हैं, लेकिन 'जोश' टस-से-मस नहीं होते। शायद उन्हें अनुभव है (और बिलकुल उचित अनुभव है) कि अब वे ख्याति के उस स्तर पर पहुँच चुके हैं, जहाँ किसी 'असभ्यता' पर क्रोध की बजाय प्यार ही आ सकता है।

ये हैं 'जोश' साहब!

और यही हैं 'जोश' साहब जिन्होंने चाँदी के कुछ अधिक टुकड़ों के लिए, या न जाने किसलिए, अपनी जीवन-भर की मान्यताओं, जीवन-भर की कमाई हुई ख्याति, आदर और सम्मान[1] पर स्वयं अपने हाथों पानी फेर दिया और स्थायी रूप से पाकिस्तान में जा बसे। लेकिन वहाँ जाकर उन्हें सुख मिला हो, ऐसा भी नहीं है।

वे भारत से गये तो भारतवासियों ने और पाकिस्तान पहुँचे तो पाकिस्तानियों ने उनके ख़ूब-ख़ूब लत्ते लिये। ग़द्दार और एजेण्ट तक कहा। मुशायरों में हिस्सा लेना तो क्या, घर से क़दम निकालना भी मुश्किल हो गया। शायद इसी कारण कुछ दिन बाद ही कराची के एक समाचार-पत्र में बयान देते हुए उन्होंने ऐलान किया कि "मैंने तन्हाई की ज़िन्दगी बसर करने का फ़ैसला कर लिया है ताकि किसी को इल्म न हो सके कि मैं ज़िन्दा हूँ या मुर्दा, या मैं शायर भी था।"

आर्थिक स्थिति जैसी भी हो, इस मनःस्थिति से वे कैसे जूझते होंगे, इसका अनुमान लगाना कठिन है। नाक पर मक्खी न बैठने देने वाले 'जोश' साहब अपने मित्र श्री दीवानसिंह 'मफ़्तून', संपादक, 'रियासत', दिल्ली, को अपने 22 दिसम्बर, 1955 ई. के एक पत्र में लिखते हैं—

'अरे भाई, क्या पूछते हो, कैसी गुज़र रही है? आपको याद होगा, तक़सीम (देश-विभाजन) से क़ब्ल (पूर्व) मिसेज़ नायडू ने मुझसे कहा था—"अगर मुल्क तक़सीम हो गया तो आपका बहुत बुरा हश्र होगा। हिन्दोस्तानी हिन्दू आपको मुसलमान समझकर क़ाबिले-नफ़रत समझेंगे और पाकिस्तानी मुसलमान आपको काफ़िर समझकर क़ाबिले-क़त्ल ख़याल करेंगे"—तो भाई एक-एक हरफ़ पूरा हुआ उस पेशगोई का। शुक्र ख़ुदा का, आज ये दोनों मुल्क मेरे ख़िलाफ़ शोर मचा रहे हैं :

---

1. उनकी साहित्य-सेवाओं के उपलक्ष्य में भारत सरकार ने उन्हें 'पद्मविभूषण' की उपाधि प्रदान की थी।

कहाँ ले जाऊँ दिल, दोनों जहाँ में सख़्त मुश्किल है
इधर परियों का मजमा है, उधर हूरों की महफ़िल है

जानते हैं हुज़ूरे-वाला कि मेरा क़ुसूर क्या है? सिर्फ़ इस क़दर कि मेरे दिल में यह ख़याल क्यों आया कि मेरे इन्तिक़ाल फ़रमा जाने के बाद मेरी बेवा और मेरे बच्चों का हश्र क्या होगा, और ये हिन्दोस्तान में रहेंगे तो उनकी ज़बान और कल्चर क्योंकर बाक़ी रह सकेंगे। बस ले-देकर मेरा एक यह जुर्म है कि उसे मुआफ़ ही नहीं किया जा सकता। काश! मैं साहिबे-अहलो-अयाल (बाल-बच्चों वाला) न होता। मुझ नामर्द को क्या मालूम था कि ये मेरे सिर पर सेहरा नहीं बाँधा जा रहा है, मेरी शख़्सियत की कब्र पर चादर चढ़ाई जा रही है। अफ़सोस कि आसमान पर उड़ने वाला, ज़मीन की ज़ंजीरों में जकड़ा पड़ा है :

अयालो—माल ने रोका है दम को आँखों में
ये ठग हटें तो मुसाफ़िर को रास्ता मिल जाए

ऐ मेरे पुराने दोस्त! आपकी ख़िदमत में यही इल्तिजा करता हूँ, और शायद मेरी यही आख़िरी इल्तिजा होगी कि आप कल सुबह के वक़्त अल्लाह तआला से दुआ करें कि वह मुझे इस दुनिया से उठा ले।'

—प्रकाश पंडित

हंसराज रहबर के संस्मरण

जोश ने अपनी आत्मकथा 'यादों की बारात' में लिखा है कि उनके पिता बशीर अहमद ख़ाँ 'बशीर' ज़बान के बारे में दाग़ की इस बात के क़ायल थे :

उसको कहते हैं ज़बाने-उर्दू
जिसमें न हो पुट फ़ारसी का

लेकिन जोश की अपनी शायरी में फ़ारसी, अरबी शब्दों की भरमार है, इतनी अधिक भरमार है कि सामान्य व्यक्ति के लिए उनकी शायरी को समझ पाना मुमकिन नहीं। 'नुक्स' का शुद्ध उच्चारण अरबी में 'नक्स' है। जोश 'नुक्स' उच्चारण करने वालों को जाहिल कहते थे। यों भी अवाम से दूरी बनी हुई थी। वह सड़क पर मज़दूरी कर रही—पत्थर तोड़ रही औरत को देखकर दुखी होते हैं कि उसके हाथों में मेहंदी रची होनी चाहिए और उसकी कोमल बाँहें

मर्द के गले में हों। मतलब यह कि औरत उनके नज़दीक सिर्फ़ भोग्य वस्तु है। धर्म के मामले में भी उनका विद्रोह सिर्फ़ उन्हीं बातों तक है जो उनके भोगवाद पर अंकुश लगाती हैं, वरना वह अंतिम जीवन तक अन्धविश्वासी बने रहे। 'यादों की बारात' में लिखा है कि हज़रत मुहम्मद उन्हें सपने में दिखाई पड़े और आदेश दिया कि 'दक्षिण में जाओ।' वह गये और दस साल तक निज़ाम हैदराबाद की नौकरी की।

हैदराबाद में वह उस्मानिया यूनिवर्सिटी के अनुवाद विभाग में काम करते थे। 1934 में नवाब किसी बात पर नाराज़ हो गये और जोश को हैदराबाद से निकाल दिया गया। उन्होंने दिल्ली आकर 'कलीम' नाम की मासिक पत्रिका निकाली जो तीन-चार साल चलती रही और उसके बाद बन्द हो गयी।

1941 में वह डब्ल्यू. ज़ेड. अहमद के निमन्त्रण पर शालीमार पिक्चर्स, पूना में चले गये। वहाँ उन्होंने 'मन की जीत', 'एक रात' और 'गुलामी' के गाने लिखे।

एक बात जोश के हक़ में जाती है, वह यह कि उन्होंने हमेशा कांग्रेस का साथ दिया, मुस्लिम लीग और पाकिस्तान की माँग का विरोध किया और देश के बँटवारे के बाद भी भारत में रहे। यहाँ उन्हें भारत सरकार ने उर्दू 'आजकल' का संपादक बना दिया। वह लगभग आठ बरस तक इस पद पर काम करते रहे। यहाँ उनकी बड़ी क़दर थी। लोग मुशायरों और अपनी महफ़िलों में उन्हें आदर-सम्मान से बुलाते थे और उनके नाज़-नख़रे देखते ही बनते थे। कहते हैं कि जोश साहब प्रधानमंत्री जवाहरलाल नेहरू की नाक के बाल थे और नेहरू जी उनकी हर सिफ़ारिश पूरी करते थे।

इसके बावजूद 'खाओ-पियो करो आनन्द' के सिद्धान्त पर चलने वाले 'क्रान्तिकारी' और 'प्रगतिशील' जोश साहब प्रलोभन में आकर 1955 में हिन्दुस्तान में हिजरत करके पाकिस्तान चले गये। पाकिस्तान जाने की कहानी उन्होंने यों बयान की है :

"1955 में जब मैं एक मुशायरे के सिलसिले में पाकिस्तान गया तो हर चन्द उससे पहले भी मेरे पुराने दोस्त सैयद अबू तालिब नक़वी चीफ़ कमिश्नर, कराची, मुझे पाकिस्तान आने की दावत दे चुके थे, लेकिन इस मर्तबा तो वह पंजे झाड़कर मेरे पीछे पड़ गये।"

"मैं पाकिस्तान जाने पर राज़ी नहीं था; लेकिन साफ़ इनकार भी नहीं किया कि नक़वी का दिल न टूट जाये। और यह कहकर टाल दिया कि मैं इस मसले पर ग़ौर करूँगा।"

"इसी बीच उन्होंने अपने घर पर मजलिस की। शहर के बड़े-बड़े लोगों के अलावा सिकंदर मिर्ज़ा को भी बुलाया और सबको मेरा मसदुदस 'हुस्नो-इंक़लाब' सुनवाया। उन तमाम लोगों ने जिनमें सिकंदर मिर्ज़ा भी शामिल थे, मुझसे आग्रह किया कि मैं पाकिस्तान का बाशिंदा बन जाऊँ। उनकी दावत पर हर चन्द मैंने अपने दिल में तो यह कहा कि ख़ुदा की कसम मैं हरगिज़ ऐसा नहीं करूँगा, लेकिन ज़बान से यह कहा कि मैं भी यही सोच रहा हूँ। अब नक़वी का यह तकिया कलाम हो गया कि जोश साहब, आख़िर आप कब तक सोचेंगे?"

"इसी बीच में वह एक दिन मेट्रोपोल होटल आ गये और मुझसे कहा कि सारे काम छोड़कर आज आपके पास इसलिए आया हूँ कि आपसे पाकिस्तान आने का इकरार लूँ।"

"मैंने कहा, 'नक़वी साहब, आपको मालूम है मुझे आपसे किस क़दर मुहब्बत है। आप अगर मेरी जान माँगें तो हाज़िर कर दूँ। लेकिन...।' "

"नक़वी साहब ने कहा कि देखिए 'लेकिन' के बाद इनकार न कर दीजिएगा। मैं चुप हो गया। वह अपना सोफ़ा छोड़कर मेरे सोफ़े पर आकर बैठ गये और कहने लगे, 'फरमाइए आप पाकिस्तान कब आ रहे हैं?' अब जी कड़ा और आँखें नीची करके मैंने कहा—'नक़वी साहब, जब तक पंडित जवाहरलाल नेहरू ज़िन्दा हैं, मैं पाकिस्तान क्योंकर आ सकता हूँ'?"

"उन्होंने मेरे कन्धे पर हाथ रखकर पूछा—'और नेहरू के बाद क्या होगा?' मैंने कहा—'ख़ुदा न करे, मैं उनके बाद ज़िन्दा रहूँ।' उन्होंने कहा कि शायर की यह बड़ी बदबख़्ती है कि वह ज़िन्दगी के संजीदा मसलों को भी जज़्बात की तराजू में तौला करता है। मैं आपसे पूछता हूँ कि अगर नेहरू साहब आपकी ज़िन्दगी में ही सिधार गये तो फिर हिन्दुस्तान में आपको चाहने वाला कौन रह जायेगा? देखिए जोश साहब, आपके बाद आपके बच्चे दर-दर मारे फिरेंगे और एक आदमी भी उनके सिर पर हाथ नहीं रखेगा। यहाँ तक तो मैं आर्थिक पहलू पर बात कर रहा हूँ, अब ज़रा तहज़ीबी पहलू पर भी निगाह डालिए। यह उससे भी ज़्यादा जानलेवा साबित होगा। जोश साहब, आपके बच्चे उर्दू भूल जायेंगे। हिन्दी उनका ओढ़ना-बिछौना होगी। वे आपके कलाम का तरजुमा हिन्दी में पढ़ेंगे और तहज़ीबी, रवायती और शकाफ़ती (सांस्कृतिक) एतबार से आपकी पूरी नस्ल में इस कदर ज़बर्दस्त तब्दीली आ जायेगी कि आपसे उसका किसी किस्म का भी ताल्लुक बाकी नहीं रह जायेगा। अगर आप

यहाँ न आ गये तो क्या उसके मानी यह नहीं होंगे कि आप अपनी वक्ती फ़राग़त इज़्ज़त की कुर्बानगाह पर अपने पूरे खानदान को भेंट चढ़ा देने पर तुले हुए हैं?''

''उनकी इस तवील, जज़्बाती और मंतकी (तर्कपूर्ण) तकरीर ने मेरा दिल हिला दिया और मेरी आँखें खोल दीं। और मैं सोचने लगा कि मेरे बाद मेरे ये नाज़ों के पाले बच्चे और मेरी यह शाहाना मिज़ाज रखने वाली बीवी क्या करेगी। नक़वी साहब से मैंने कहा, 'आपने मुझे झकझोर कर जगा दिया है। बेशक मेरी आल-औलाद हिन्दुस्तान में पनप नहीं सकेगी। नक़वी साहब, मुझे चौबीस घंटे और दे दीजिए, मैं इस मसले पर एक बार और ग़ौर कर लूँ। कल इसी वक्त आपकी ख़िदमत में हाज़िर होकर अपना आख़िरी फैसला सुना दूँगा।' ''

''नक़वी साहब के चले जाने के बाद मैंने नासिर अहमद ख़ाँ से कहा कि तुमने सुन ली नक़वी साहब की सारी तक़रीर, अब क्या कहते हो? नासिर ने कहा कि मुझे उनके एक-एक हर्फ़ से इत्तिफ़ाक है। अगर आप यहाँ न आये तो ज़िन्दगी भर के लिए पछतायेंगे। यह कहते ही नासिर मेरे करीब आकर बैठ गये और बड़े वलवले के साथ अँगुली हिलाते हुए कहने लगे—'खाँ साहब, आप कई पुश्त से मलीहाबाद पर हुकूमत करते चले आ रहे हैं। आपकी रियाया आपके सामने थर्राती और झुक-झुक कर सलाम करती है। कल उसी दो कौड़ी रियाया के बच्चे आपके बच्चों पर हुकूमत करेंगे। उन्हें धोतियाँ बँधवायेंगे और उनके सिरों पर चोटियाँ रखायेंगे। अल्लाह करे, यह दिन देखने से पहले हम मर जायें।' ''

''सुबह उठकर मैंने इस मसले पर दोबारा गौर किया। नहा-धोकर नक़वी साहब के पास गया और उनसे कह दिया कि अब मैं हिजरत पर तैयार हो गया हूँ। नक़वी की बाँछें खिल गयीं। दौड़कर मुझे गले लगा लिया और उसी वक्त डिपुटी कमिश्नर को तलब करके हुक्म दिया कि जहाँगीर रोड पर जो एक बहुत बड़ा प्लॉट खाली है, उसे जोश साहब के नाम अलॉट कर दीजिए। उस पर इनका सिनेमा हाल और मकान तैयार किया जायेगा और फलाँ मुकाम पर पचास एकड़ ज़मीन भी जोश साहब को अलॉट कर दीजिए, वहाँ उनका बाग लगवाया जायेगा।''

''जब उनके हुक्म की तामील हो गयी तो दोनों ज़मीनों पर मुझे कब्ज़ा दे दिया गया और मेरे चौकीदार झोंपड़ियाँ डालकर वहाँ रहने लगे।''

उसके बाद जोश साहब दिल्ली आये, मौलाना, अबुल कलाम आज़ाद और

पंडित जवाहरलाल नेहरू से जो बातचीत हुई और उन्होंने जो उत्तर दिया, उसकी तफसील में जाने की ज़रूरत नहीं। संक्षेप में इतना कहना काफ़ी है कि जोश साहब पाकिस्तान के शहरी बन गये। इसके बाद उन पर जो गुज़री, वह भी उन्हीं के शब्दों में सुनिए :

''मेरे पाकिस्तानी शहरी बनते ही एक कयामत का गुलगुला बरपा हो गया। पूरे पाकिस्तान में और शहर कराची में तो इस क़दर वलवला उठा गोया कयामत का सूर[1] फूँक दिया गया है। तमाम छोटे-बड़े उर्दू-अंग्रेज़ी अखबारों के लश्कर खम ठोंककर मैदान में आ गये, तमाम अदीब, शायर और कार्टूनबाज़ों ने अपने-अपने कलमों की तलवारें म्यान से निकाल कर मेरे खिलाफ़ मज़मून, क़ते और कार्टूनों की भरमार कर दी।''

''हर तरफ़ मंडियों का-सा एक गुलगुला बुलंद हो गया कि दोहाई सरकार की। मुगले-आज़म यानी अबुतालिब नक़वी ने आधा पाकिस्तान काट कर दे दिया। मुख़्तलिफ़ टोलियों में बँटे हुए लोग मेरे ख़िलाफ़ इकट्ठे हो गये। वहाबियों, बरेलियों, देवबंदियों, क़ादियानिओं और शीइयों ने अपनी चौदह सौ बरस की नफ़रतों को यकसर भुला दिया। तबरा[2] और मदह सहाबा[3] के दरम्यान तरह मसालहत पड़ गयी और मेरे ख़िलाफ़ मुतहिदा तौर पर ऐलाने-जंग फरमा दिया।''

''मैं चमन में क्या गया गोया दबिस्तां खिल गया।''

''मेरा पाकिस्तान जाना ऐसा मालूम हुआ गोया कोई ज़बर्दस्त डाकू कारूं के ख़ज़ाने पर टूट पड़ा है या कामदेव अछूतियों के महल में कूद पड़ा है और तमाम कुंवारी कन्याएँ 'हाय अल्लाह!' के नारे लगा-लगा कर भाग रही हैं। यह तमाम शोर, यह तमाम गुलगुले और ये सारी दुहाइयाँ जब हुकूमत के कान तक पहुँचीं तो गृह मंत्रालय ने नक़वी साहब से जवाबतलब कर लिया, जिस वक्त मैंने यह बात देखी कि मुझे बाग और सिनेमा की ज़मीन देकर नक़वी साहब एक बड़ी मुसीबत में घिर गये हैं, तो मैंने चुपके से बाग और सिनेमा के प्लॉट वापस कर दिये।''

---

1. इस्लाम के मुताबिक कयामत के दिन सूर यानी बिगुल बजेगा और तमाम मुर्दे कब्रों से उठ खड़े होंगे। 2. हज़रत मुहम्मद को जिन लोगों ने देखा था, उनमें हज़रत अली के अलावा शिया बाकी सबकी बुराई करते हैं, इसे तबरा कहते हैं 3. मुहम्मद साहब की तारीफ़।

"उस ज़माने में चौधरी मुहम्मद अली साहब प्रधानमंत्री थे। नक़वी साहब की उनसे खटपट हो गयी। नक़वी ने सिकंदर मिर्ज़ा के बलबूते पर प्रधानमंत्री से टक्कर ली थी, सिकंदर मिर्ज़ा ने उनकी मदद से मुँह मोड़ लिया और उनकी कमिश्नरी खत्म कर दी गयी। उनके पतन ने मेरी कमर तोड़ दी। मैं न इधर का रहा, न उधर का।"

अब मुशायरों में हिस्सा लेने का तो सवाल ही पैदा नहीं होता था। उन्हें उर्दू बोर्ड के साहित्यिक सलाहकार के पद पर नियुक्त कर दिया गया। 1967 में वह चन्द माह के लिए हिन्दुस्तान आये और यहाँ बंबई में एक इन्टरव्यू देने के अपराध में उन्हें नौकरी से छुट्टी दे दी गयी।

बाकी ज़िन्दगी निराशा और गुमनामी में बीती। 22 फरवरी, 1983 को 82 बरस की उम्र में इस्लामाबाद में उनका देहान्त हो गया। हफ़ीज़ जालंधरी ने तब भी उन पर इस्लाम की दुश्मनी और पाकिस्तान की दुश्मनी का इल्ज़ाम लगाया और कहा कि पाकिस्तान ने उन्हें पनाह देकर जो आदर-सम्मान दिया, उसका उन्होंने कभी एहसान नहीं माना। 'नवाए वक़्त' ने भी इसी तरह का एक मजमून प्रकाशित किया।

बहरहाल जोश साहब में अभिव्यक्ति की अद्भुत शक्ति थी। वह अल्फाज़ में आग भर सकते थे और दिलों में आग लगा सकते थे। उन्होंने एक दर्ज़न के करीब कविता-संग्रह अपने पीछे छोड़े और 'यादों की बारात'[1] नाम से अपनी आत्मकथा लिखी। आत्मकथा में चूँकि हिन्दुस्तान और हिन्दुस्तानी नेताओं की तारीफ़ थी, इसलिए पाकिस्तान सरकार ने इसे ज़ब्त कर लिया।

— हंसराज रहबर

---

1. 'यादों की बारात' हिन्दी में राजपाल एण्ड सन्ज़ द्वारा प्रकाशित है।

नज़्में

प्रोग्राम

ऐ शख़्स ! अगर 'जोश' को तू ढूँढना चाहे
वो पिछले पहर हल्क़ा-ए-इर्फ़ां[1] में मिलेगा

और सुबह को वो नाज़िरे-नज़्ज़ारा-ए-क़ुदरत[2]
तरफ़े - चमनो - सहने - बयाबाँ में मिलेगा[3]

और दिन को वो सरगश्ता-ए[4]-इसरारो-मआनी[5]
शहरे - हुनरो[6] - कूए - अदीबाँ[7] में मिलेगा

और शाम को वो मर्दे-ख़ुदा रिन्दे-ख़राफात[8]
रहमतकदा - ए - बादा-फ़रोशाँ[9] में मिलेगा

और रात को वो ख़ल्वती-ए-काकुलो-रुख़सार[10]
बज़्मे-तरबो[11]- कूचा - ए - ख़ुबाँ[12] में मिलेगा

और होगा कोई जब्र[13] तो वो बन्दा-ए-मजबूर[14]
मुर्दों की तरह ख़ाना - ए - वीराँ[15] में मिलेगा

---

1. अध्यात्मवादियों में 2. प्राकृतिक सौन्दर्योपासक 3. उद्यानों और वनों की ओर 4. ढूँढने वाला 5. भाषा की गुत्थियाँ सुलझाने में (जुटा हुआ) 6. कलाविज्ञों के शहर में 7. साहित्यिकों की गली में 8. मद्यप 9. कृपालु शराब बेचने वालों के यहाँ 10. सौन्दर्य और एकान्त प्रेमी 11. आनन्दपूर्ण महफ़िल 12. सुन्दरियों के कूचे में 13. दबाव 14. विवश व्यक्ति 15. वीरान घर में

अल्हड़ कामनी

नाज़ से चौंकी है यूँ इक मस्त अल्हड़ कामनी
जैसे इठलाती किरन से रसमसाती है नदी

चाँद-से माथे पे जुंबिश[1] में महकती काकुलें[2]
काकुलों के ज़ेरे-साया[3] झुटपुटे की मोहनी

झिलमिलाती शमअ की जौ[4] में ये रुख़्सारों[5] का रंग
छाँव में तारों की जैसे तख़्तियाँ अलमास[6] की

करवटों में कमसिनी के वलवलों का चुटकियाँ
अँखड़ियों में भैरवी अँगड़ाइयाँ लेती हुई

करवटों में खुल रहा है जिस्म का यूँ बन्द-बन्द
खिल रही है नाज़ से गोया चँबेली की कली

सुबह के मसले हुए बिस्तर पे क़ामत[7] की फबन
'शाम' के तरशे हुए होंठों पे जैसे बाँसुरी

ज्यूँ सनमख़ाने[8] में पिछली रात फूलों की महक
सर से चादर के सरकते ही वो लपटें जिस्म की

---

1. लहराती हुई 2. लटें 3. छाया में 4. प्रकाश 5. कपोलों का 6. हीरों की 7. काया 8. बुतख़ाने में

काँपती लौ-से लबो-रुख़्सार[1] पर वो धूप-छाँव
फूल-बन में जैसे उड़ते जुगनुओं की रौशनी

ख़ुफ़्ता[2] बासी हार पर बिखरी हुई ज़ुल्फ़े-दोता[3]
और बिखरी ज़ुल्फ़ में उलझी हुई चम्पाकली

सुर्ख़ जौशन,[4] लच्छियाँ काली, कलाई लालारंग[5]
रुख़[6] गुलाबी, शबनमी धानी, दुलाई सरदई

बिन धुले मुखड़े पे ऐसी मुस्कराहट, जिस तरह
पंखड़ी की ओस पर पिछले पहर की चाँदनी

जुंबिशे-मिज़गाँ[7] में गद्दर[8] वलवलों की चश्मकें[9]
'जोश' के नग़मात[10] में जिस तरह मौजे-ज़िन्दगी[11]

---

1. होंठों तथा कपोलों पर 2. सोये हुए 3. दोहरी लट (घने बाल) 4. बाजूबन्द 5. गुलाबी 6. मुखड़ा 7. पलकों की गति 8. परिपक्व 9. इशारे 10. नग़्मों में 11. जीवन-लहर

दोपट्टे को मसले, बदन को चुराये

कलेजे में वो घाव हैं ग़म की लै से
अभी तक नहीं जो भरे मौजे-मै[1] से
उठाए हैं दिल ने सितम कैसे-कैसे
मेरे वक़्ते-रुख़्सत[2] वो आई थी जैसे
ख़ुदाया अदू[3] भी न इस तरह आए
दोपट्टे को मसले, बदन को चुराए

जिन आँखों के पर्दों में तूफ़ाँ था बरपा
जिन आँखों में तुग़ियाने-ख़ौफ़ो-हया[4] था
जिन आँखों में सैलाबे-आहो-बुक़ा[5] था
जिन आँखों में दिल करवटें ले रहा था
उन आँखों पे मिज़गाँ की[6] चिलमन गिराए
दोपट्टे को मसले, बदन को चुराए

निगाहों में ये बद्दुआएँ बराबर
कि कट जायें वक़्ते-परअफ़शाँ के शहपर[7]
धुआँ रेल का, और जुल्फ़े-मूअंबर[8]
कभी मुझ पे, और गाह[9] नज़रें घड़ी पर
कलेजे से क़ुरबत[10] के लम्हे[11] लगाए
दोपट्टे को मसले, बदन को चुराए

---

1. शराब की लहर (शराब) 2. विदा के समय 3. शत्रु 4. भय तथा लज्जा का तूफ़ान 5. आर्त्तनाद की बाढ़ 6. पलकों की 7. उड़ने वाले समय के पंख 8. सुगन्धित केश 9. कभी 10. सामीप्य 11. क्षण

तहम्मुल[1] से आँखें झुकाने की कोशिश
मुझे दर्दे-दिल से बचाने की कोशिश
अज़ीज़ों से भी ग़म छुपाने की कोशिश
फ़ुग़ाँ[2] को तबस्सुम[3] बनाने की कोशिश
हिना[4] से कोई ज़ख़्म जैसे छुपाए
दोपट्टे को मसले, बदन को चुराए

नज़र मुन्तशिर[5], जिस्म तर, रंग मद्धम
ज़बाँ ख़ुश्क, रुख़्सार नम,[6] ज़ुल्फ़ बरहम[7]
तग़य्युर सरापा[8] तहय्युर मुजस्सम[9]
सरासीमगी[10] में वो चेहरे का आलम[11]
कि सोतों को जिस तरह तूफ़ाँ जगाए
दोपट्टे को मसले, बदन को चुराए

तबो-ताब[12] चेहरे पे लाने की कोशिश
अलम[13] को मुसर्रत जताने की कोशिश
उदासी को फ़रहत[14] दिखाने की कोशिश
तबस्सुम[15] से आहें दबाने की कोशिश
कोई जैसे आँधी में दीपक जलाए
दोपट्टे को मसले, बदन को चुराए

---

1. सहनशीलता 2. आर्तनाद 3. मुस्कान 4. मेहंदी 5. अस्तव्यस्त (भटकती हुई) 6. कपोल गीले 7. अस्तव्यस्त केश 8. विकार की मूर्ति 9. आश्चर्य की मूर्ति 10. आकुलता 11. हालत 12. चमक 13. दुःख 14. प्रसन्नता 15. मुस्कान

जब इतना ही दुनिया से डरना था तुमको
यमे-इश्क़[1] से पार उतरना था तुमको
जो गिरदाबे-दिल[2] से उभरना था तुमको
जो मुझ से किनारा ही करना था तुमको
मुझे मौजे-दरिया[3] से क्यों खींच लाए
दोपट्टे को मसले, बदन को चुराए

---

1. इश्क़रूपी नदी 2. हृदयरूपी भँवर 3. दरिया की लहरों से

तआ़क़ुब*

“मर्द हो, इश्क़ से जिहाद[1] करो
अब मुझे भूलकर न याद करो

दिल से बीते दिनों की याद मिटाओ
न तो ख़ुद रो न मुझको रुलाओ

भूल जाओ कही - सुनी बातें
न तो वो दिन हैं अब न वो रातें

अब न वो मोड़ हैं, न वो गलियाँ
अब न वो फूल हैं न वो कलियाँ

इस जहाँ से गुज़र चुकी हूँ मैं
अब ये समझो कि मर चुकी हूँ मैं

एक दुखिया को और अब न सताओ
बन पड़े तो मेरी गली में न आओ

मर्द हो, इश्क़ से जिहाद करो
अब मुझे भूल कर न याद करो”

---

* पीछा
1. धर्म-युद्ध

मेरे कानों में, मेरे सीने में
गूँजती रहती हैं ये आवाज़ें,

जिस तरफ़ जाऊँ दिल हिलाती हैं
ये मेरे साथ - साथ जाती हैं

यादे - जाँबख़्श[1] के बगूलों से

ये सदाएँ[2] बराबर आती हैं
दिल का दरवाज़ा खटखटाती हैं

''भूल जाओ कही - सुनी बातें
न तो वो दिन हैं अब न वो रातें

मर्द हो, इश्क़ से जिहाद करो
अब मुझे भूल कर न याद करो''

तंग आकर जिधर भी जाता हूँ
इन सदाओं को साथ पाता हूँ

सेहने-गेती[3] से, औजे-गर्दूं[4] से
ताबे-अंजुम[5] से, आबे-जेहूँ[6] से

---

1. जीवन प्रदान करने वाली याद 2. आवाज़ें 3. संसार के आँगन से 4. आकाश के शिखर से 5. सितारों की चमक से 6. दरिया (मध्य एशिया का एक दरिया) के पानी से

बहरे-मव्वाज[1] के हुबाबों[2] से
हिकमतो-शे'र[3] की किताबों से

शोरिशों, ग़लग़लों, धमाकों से
तेज़-रौ[4] गाड़ियों के पहियों से

शे'र-गोई[5] से, शे'र-ख़्वानी[6] से
हर हक़ीक़त[7] से हर कहानी से

चौड़ी सड़कों से' तंग गलियों से
हिलती शाख़ों से, खिलती कलियों से

शोरे-जल्वत[8], सुकूते-ख़ल्वत[9] से
जुंबिशे-ज़ौ[10], जुमूदे-जुल्मत से[11]

मा'बदों[12] से, शराब-ख़ानों से
मुतरिबे-ख़ुशनवा[13] की तानों से

बाग़ से, मदरसे से, जंगल से
तपते सूरज, बरसते बादल से

---

1. लहरें लेते हुए सागर के 2. बुलबुलों से 3. दर्शन तथा काव्य 4. तेज़ चलने वाली 5, 6. शे'र कहने (लिखने) तथा शे'र पढ़ने (सुनाने) से 7. वास्तविकता 8. जनसमूह के शोर से 9.एकान्त की चुप्पी से 10. प्रकाश की गति 11. अन्धकार की जड़ता से 12. उपासना-गृहों से 13. मीठे गले वाले गायक की

ये सदाएँ बराबर आती हैं
दिल का दरवाज़ा खटखटाती हैं

''भूल जाओ कही-सुनी बातें
न तो वो दिन हैं अब न वो रातें

एक दुखिया को और अब न सताओ
बन पड़े तो मेरी गली में न आओ

अब जहाँ से गुज़र चुकी हूँ मैं
तुम ये समझो कि मर चुकी हूँ मैं

मर्द हो, इश्क़ से जिहाद करो
अब मुझे भूल कर न याद करो''

बिलखती यादें

सर्द मीना[1] का तसव्वुर[2], सुर्ख़ पैमाने की याद
ऊद[3] की ख़ुशबू में फिर आई है मैख़ाने की याद

ग़ोशा-ए-दिल[4] में पछाड़ें खा रही है देर से
मस्त झोंकों में जुनूँ[5] के रक़्स फ़रमाने[6] की याद

आई है रह-रहके गिरती बिजलियों के रूप में
एक शब[7] पर्दा उठाकर उनके दर[8] आने की याद

ले रहा है हिचकियाँ एक-एक फ़रज़ाने[9] का नाम
भर रही है सिसकियाँ एक-एक दीवाने की याद

दिल में आहें भर रही है, बाल बिखराए हुए
लड़खड़ाने, गुनगुनाने, नाचने, गाने की याद

मक़बरों से आ रही है झुटपुटे की छाँव में
एक-एक करके रफ़ीक़ों[10] के बिछड़ जाने की याद

'जोश' अब्रे-तीरह[11] में गुम है मेरा माहे-मुनीर[12]
कुश्ता[13] शम्मों के धुएँ में जैसे परवाने की याद

---

1. मद्य रखने का पात्र 2. कल्पना 3. एक सुगन्धित लकड़ी 4. हृदय के कोने (हृदय) में 5. उन्माद 6. नृत्य करने 7. रात 8. भीतर 9. बुद्धिमान 10. साथियों के 11. काले बादलों में 12. प्रकाश मान चाँद 13. बुझी हुई

सूनी जन्नत

हाँ यही है वो मकाने - जन्नत - दौरे - कुहन[1]
कल था जिसकी अंजुमन में हुस्ने-सदरे-अंजुमन[2]

हाँ ये पुल है रेल का, और ये चमकती पटरियाँ
दास्ताँ - दर - दास्तानो – दास्ताँ - दर - दास्ताँ[3]

हाँ ये खिड़की है वही, और ये सलाख़ें हैं वही
झाँकती थी जिनसे उस मुखड़े की मीठी चाँदनी

हाँ यहीं, जब पड़ रही थी एक दिन हल्की फुहार
गिर रहा था सुर्ख़ ज़ुल्फ़ों का सुनहरा आबशार

चुभ रही है दिल में मिस्ले-नेशतर[4] कम्बख़्त साँस
ये मकाँ है, या कोई चुभती हुई सीने की फाँस

आज इबरतनाक[5] है, बेरूह है, बेहोश है
कल हयातो-नग्मा[6] था, अब सर्द है, ख़ामोश है

---

1. बीते हुए काल का स्वर्ग-स्थान 2. सभापति (घर की मालकिन) का सौन्दर्य 3. अनेकों कहानियाँ 4. नश्तर की तरह 5. शिक्षाप्रद 6. जीवन तथा संगीत

घर को अन्दर से भी देखूँ या सड़क पर ही रहूँ
ख़ैर, अन्दर भी चलूँ, फ़रमाने-दिल[1] है, क्या करूँ

उफ़ ये सुर्ख़ी का निशाँ पहचानता हूँ मैं इसे
जानता है ये मुझे और जानता हूँ मैं इसे

हाँ, यहीं आराम करती थी वो थक जाने के बाद
हाँ, यहाँ वो बैठती थी ग़ुस्ल फ़रमानें[2] के बाद

हाँ, यहाँ बदले थे बेचैनी से ज़ानू एक दिन
हाँ, यहाँ टपके थे उन आँखों से आँसू एक दिन

मुस्कराकर एक अदा-ए-नौ[3] से देखा था यहाँ
काटकर दाँतों से इक दिन पान बख़्शा था यहाँ

याँ छिड़ा था क़िस्सा-ए-सोज़े-निहानी[4] एक दिन
इधर बैठे थे वो जब बरसा था पानी एक दिन

---

1. दिल का आदेश 2. स्नान करने 3. नयी अदा से 4. भीतरी ज्वाला (प्रेम की कहानी) 5. सुरक्षित

आज भी महफ़ूज़[1] हैं सूने दरों-दीवार में
वो तराने कल जो ग़ल्ताँ[2] थे लबे-गुलबार[3] में

ज़र्रे-ज़र्रे में खटक महसूस होती है यहाँ
दिल धड़कने की धमक महसूस होती है यहाँ

ख़ून में डूबा हुआ इन्सान का अफ़साना है
कल जो घर इशरतसरा[4] था आज मातमख़ाना[5] है

---

1. सुरक्षित 2. उभरते थे 3. उन होंठों में जिनसे फूल झड़ते थे 4. विलास-गृह 5. शोक-गृह

बरसी हुई आँखें

मैं समझता था कि अब रो न सकूँगा ऐ 'जोश'
दौलते-सब्र[1] कभी खो न सकूँगा ऐ 'जोश'

इश्क़ की छाँव भी देखूँगा तो कतराऊँगा
क़ाबा-ए-अक़्ल[2] से बाहर न कभी जाऊँगा

आबरू इश्क़ के बाज़ार में खोते हैं कहीं
जिन्से-हिकमत[3] के ख़रीदार भी रोते हैं कहीं

अब न तड़पूँगा कभी इश्क़ के अफ़सानों पर
अब जो रोऊँगा तो रौंदे हुए इन्सानों पर

अब तमन्ना पे न अरमान पे दिल धड़केगा
अब जो धड़केगा तो इन्सान पे दिल धड़केगा

चुभ सकेगा न मेरे दिल में इशारा कोई
नोके-मिज़गाँ[4] पे न दमकेगा सितारा कोई

अब न याद आयेगा रंगे-लबो-रुख़्सार[5] कभी
दिल में गूँजेगी न पाज़ेब की झंकार कभी

---

1. धैर्य-रूपी धन 2. बुद्धिरूपी तीर्थ 3. दार्शनिक विचार रूपी वस्तु 4. पलकों की नोक 5. होंठों और कपोलों का रंग

अब कभी मुझसे न रूठा हुआ दिल बोलेगा
अब तसव्वुर किसी घूँघट के न पट खोलेगा

अब पयाम आयेगा फूलों का न गुलशन से कोई
अब न झाँकेगा महो-साल[1] के रौजन[2] से कोई

याद आयेंगी न भूली हुई बातें मुझको
अब पुकारेंगी न डूबी हुई रातें मुझको

लेकिन अफ़सोस कि ये संगे-यक़ीं[3] टूट गया
दामने-सब्र[4] मेरे हाथ से फिर छूट गया

जल उठी रूह में फिर शम्मअ़ सनमख़ाने की
ख़ाके-परवाना में आग आ गयी परवाने की

जिससे रातें कभी रौशन थीं वो जुगनू जागा
चश्मे-खूँबस्ता[5] में सोया हुआ आँसू जागा

अक्ल की धूप ढली, इश्क़ के तारे निकले
बर्फ़ महताब[6] से पिघली तो शरारे[7] निकले

---

1. महीनों, वर्षों के 2. छिद्र 3. विश्वास-रूपी पत्थर 4. धैर्य का आँचल 5. ऐसी आँख जिसमें रक्त जमा हो 6. चाँद 7. चिंगारियाँ

कान में दौरे - मुहब्बत[1] के फ़साने चहके
सर पे बिछड़े हुए लम्हों[2] के तराने चहके

जिनसे खिलती थीं ख़दो-ख़ाल की कलियाँ दिल की
नौजवानी की उभर आईं वो गलियाँ दिल की

दिल की चोटों को हवाओं ने दबाकर देखा
फिर जवानी ने मुझे आँख उठाकर देखा

इश्क़ केर तौर[3] मुहब्बत के वतीरे[4] उभरे
दिल में डूबी हुई यादों के जज़ीरे[5] उभरे

ताज़ा होंठों का जगाती हुई जादू आई
कमसिनों[6] के नफ़से-ख़ाम[7] की ख़ुशबू आई

क्या कहूँ, चर्ख़[8] से क्या बारिशे-तनवीर[9] हुई
किन लिहाफ़ों की महक आके बग़लगीर हुई

जिनकी लहरों ने दिखाया था किनारा मुझको
फिर उन्हीं चाँदनी रातों ने पुकारा मुझको

नाला[10] फिर रात को साबितो-सय्यार गया
हम तो समझे थे कि ऐ 'जोश' ये आजार[11] गया

---

1. प्रेम-काल 2. क्षणों के 3,4 ढंग 5. टापू 6. अल्पायु प्रेयसियों 7. कच्चे श्वास 8. आकाश 9. प्रकाश की वर्षा 10. आर्तनाद 11. मुसीबत

हुब्बे-वतन और मुसलमान

मज़हबी इख़लाक़ के जज़्बे को ठुकराता है जो
आदमी को आदमी का गोश्त खिलवाता है जो

फ़र्ज भी कर लूँ कि हिन्दू हिन्द की रुसवाई है
लेकिन इसको क्या करूँ फिर भी वो मेरा भाई है

बाज़ आया मैं तो ऐसे मज़हबी ताऊन[1] से
भाइयों का हाथ तर हो भाइयों के ख़ून से

तेरे लब[2] पर है इराक़ो-शामो-मिस्रो-रोमो-चीं
लेकिन अपने ही वतन के नाम से वाक़िफ़ नहीं

सबसे पहले मर्द बन हिन्दोस्ताँ के वास्ते
हिन्द जाग उट्ठे तो फिर सारे जहाँ के वास्ते

---

1. प्लेग 2. होंठों पर

वफ़ादाराने-अज़ली का पयाम

शहनशाहे-हिन्दोस्ताँ के नाम*

ताजपोशी का मुबारक दिन है ऐ आलम-पनाह
ऐ ग़रीबों के अमीर, ऐ मुफ़लिसों के बादशाह

ऐ गदापेशों[1] के सुल्ताँ, जाहिलों के ताजदार
बेजरों[2] के शाह, दरयूजागरों[3] के शहरयार[4]

रास कल आई थी जैसे आपके माँ बाप को
यूँही रस्मे - ताजपोशी हो मुबारक आपको

दिल के दरिया नुत्क़[5] की वादी में बह सकते नहीं
आप की हैबत[6] से हम कुछ खुल के कह सकते नहीं

लेकिन इतना डरते-डरते अर्ज़ करते हैं ज़रूर
हिन्द से वाक़िफ़[7] किये जाते नहीं शायद हुज़ूर

आपके हिन्दोस्ताँ के जिस्म पर बोटी नहीं
तन पे इक धज्जी नहीं है, पेट को रोटी नहीं

---

* यह कविता जार्ज षष्टम की ताजपोशी के अवसर पर लिखी गयी थी।

1. भिखमंगों के 2. निर्धनों के 3. भिखारियों के 4. बादशाह 5. वाक्शक्ति 6. त्रास 7. परिचित

हर जबीं[1] पर है शिकन[2] इस कजकुलाही[3] की क़सम
हर मकाँ इक मक़बरा है, क़स्रे शाही[4] की क़सम

नौजवाँ बिफरे हुए हैं भूख से दिल तंग है
ज़र्रे - ज़र्रे से अ़याँ[5] आसारे - हर्बो - जंग[6] है

किश्वरे-हिन्दोस्ताँ[7] में रात को हंगामे-ख़्वाब[8]
करवटें रह-रह के लेता है फ़ज़ा[9] में इंक़िलाब

गर्म हैं सोज़े-बग़ावत[10] से जवानों का दिमाग़
आँधियाँ आने को हैं ऐ बादशाही के चिराग़

हम वफ़ादाराने-पेशीं[11], हम गुलामाने कुहन[12]
क़ब्र जिनकी खुद चुकी तैयार है जिनका कफ़न

तुंद रौ[13] दरिया के धारे को हटा सकते नहीं
नौजवानों की उमंगों को दबा सकते नहीं

चौंकिये जल्दी, हवा ए - तुंदो - गर्म आने को है
ज़र्रा ज़र्रा आग में तब्दील हो जाने को है

---

1. माथे पर 2. बल 3. टेढ़ी टोपी (बादशाही) 4. राजभवन 5. प्रकट 6. युद्ध के लक्षण 7. भारत देश 8. स्वप्न में 9. वातावरण 10. विद्रोह-ज्वाला 11. प्रथम पंक्ति के वफ़ादार 12. पुराने दास 13. तीव्रगति से बहने वाले

शिकस्ते-ज़िंदाँ*

क्यों हिन्द का ज़िंदाँ[1] काँप रहा है गूँज रही हैं तकबीरें[2]
उकताये हैं शायद कुछ क़ैदी और तोड़ रहे हैं ज़ंजीरें
दीवारों के नीचे आ-आकर यूँ जमअ़ हुए हैं ज़िंदानी
सीनों में तलातुम[3] बिजली का आँखों में झलकती शमशीरें
भूखों की नज़र में बिजली है तोपों के दहाने ठंडे हैं
तक़दीर के लब[4] को जुंबिश है[5] दम तोड़ रही हैं तदबीरें[6]
आँखों में गदा[7] के सुर्ख़ी है बेनूर[8] है चेहरा सुल्ताँ[9] का
तख़रीब[10] ने परचम[11] खोला है, सिजदे में पड़ी हैं तामीरें[12]
क्या उनको ख़बर थी ज़ेरो-ज़बर[13] रखते थे जो रूहे मिल्लत को[14]
उबलेंगे ज़मीं से मारे-सियह[15] बरसेंगी फ़लक[16] से शमशीरें
क्या उनको ख़बर थी सीनों से जो खून चुराया करते थे
इक रोज़ इसी ख़ामोशी से टपकेंगी दहकती तक़रीरें[17]
सँभलो कि वो ज़िंदाँ गूँज उठा, झपटो कि वो क़ैदी छूट गये
उट्ठे कि वो बैठीं दीवारें दौड़ो कि वो टूटी ज़ंजीरें

---

* कारागार का टूटना।

1. कारागार 2. अल्लाह अकबर का नारा 3. तूफ़ान 4. होंठ 5. हिल रहे हैं 6. उपाय 7. भिखारी 8. ज्योतिहीन 9. बादशाह 10. ध्वंस 11. पताका 12. निर्माण 13. दबाकर 14. जाति की आत्मा को 15. काले नाग 16. आकाश 17. भाषण

मातमे-आज़ादी

शाख़ें हुईं दोनीम़[1] जो ठंडी हवा चली
गुम हो गयी शमीम[2] जो वादे - सबा[3] चली
अंग्रेज़ ने वो चाल ब - ज़ोरो - जफ़ा चली
बरपा हुई बरात के घर में चला - चली
अपना गला ख़रोशे तरन्नुम[4] से फट गया
तलवार से बचा तो रगे गुल[5] से कट गया

सिख ने गुरु के नाम को बट्टा लगा दिया
मन्दिर को बरहमन[6] के चलन ने गिरा दिया
मस्ज़िद को शेख़ जी की करामात ने ढा दिया
मजनूँ ने बढ़के पर्दाए-महमिल[7] गिरा दिया
इक सूए-जन को ग़लग़लए-आम[8] कर दिया
मरियम[9] को ख़ुद मसीह[10] ने बदनाम कर दिया

सिक्कों की अंजुमन के ख़रीदार आ गये
सेठों के ख़ादिमाने वफ़ादार आ गये

---

1. दो टुकड़े 2. महक 3. प्रभात समीर 4. स्वर के ज़ोर से 5. फूल की नस 6. ब्राह्मण के 7. ऊँट के कजावे पर का वह पर्दा जिसमें लैला बैठती थी और जिसे उठा हुआ देखने के लिए मजनूँ जीवन भर तड़पता रहा। सौभाग्य से वह पर्दा उठा तो मजनूँ ने बग़ैर एक झलक देखे स्वयं अपने हाथों से वह पर्दा गिरा दिया 8. शीलवती नारी को बदनाम कर दिया 9. ईसा मसीह की माता को 10. स्वयं मसीह ने

खद्दर पहन - पहन के बद-अवतार[1] आ गये
दर पर सफ़ेदपोश सियहकार आ गये
दुश्मन गये तो दोस्त बने दुश्मने - वतन
ख़िलअ़त की तह खुली तो बरामद हुआ कफ़न

बर्तानिया के ख़ास गुलामाने ख़ानाजाद[2]
देते थे लाठियों से जो हुब्बे-वतन[3] की दाद
एक-एक ज़र्ब[4] जिनकी है अब तक सिरों को याद
वो आई.सी.एस. अब भी हैं खुशबख़्तो बामुराद[5]
शैतान एक रात में इन्सान बन गये
जितने नमक-हराम थे कप्तान बन गये

वहशत[6] रवा[7], अनाद[8] रवा, दुश्मनी रवा
हलचल रवा, ख़रोश[9] रवा, सनसनी रवा
रिश्वत रवा, फ़साद रवा, रहज़नी[10] रवा
अल-क़िस्सा हर वो शै कि है नाकर्दनी[11] रवा
इन्सान के लहू को पियो इज्ने-आम[12] है
अंगूर की शराब का पीना हराम है

छाई हुई हैं जेरे - फ़लक[13] बदहवासियाँ[14]
आँखें उदास-उदास तो मुँह हैं धुआँ धुआँ[15]

1. चरित्रहीन 2. घर के पाले हुए दास 3. देश-प्रेम की 4. चोट 5. भाग्यशाली 6. पशुता 7. उचित, जायज़ 8. द्वेष 9. शोर मचाना 10. लूट-खसोट 11. न करने योग्य 12. खुली छुट्टी 13. आसमान के नीचे 14. घबराहटें परेशानियाँ 15. घुटे-घुटे

मनके[1] ढले हुए हैं तो ऐंठी हुई ज़बाँ
वो जो'फ़[2] है कि मुँह से निकलती नहीं फ़ुगाँ[3]
इक दूसरे की शक्ल को पहचानता नहीं
मैं ख़ुद हूँ कौन ये भी कोई जानता नहीं

फ़ुटपाथ, कारख़ाने, मिलें, खेत, भट्टियाँ
गिरते हुए दरख़्त, सुलगते हुए मकाँ
बुझते हुए यक़ीन[4], भड़कते हुए गुमाँ[5]
इन सबसे उठ रहा है बग़ावत[6] का फिर धुआँ
शोलों के पैकरों[7] से लिपटने की देर है
आतिशफ़िशाँ पहाड़ के फटने की देर है

वो ताज़ा इन्क़लाब हुआ आग पर सवार
वो सनसनाई आँच, वो उड़ने लगे शरार
वो गुम हुए पहाड़, वो गलताँ हुआ गुबार[8],
ऐ बेख़बर, वो आग लगी आग, होशियार
बढ़ता हुआ, फ़िज़ा[9] पे क़दम गाड़ता हुआ
भूचाल आ रहा है वो फंकारता हुआ

---

1. मरते समय गर्दन निढाल हो जाना 2. निर्बलता 3. आह 4. विश्वास 5. भ्रम 6. विद्रोही का 7. शरीरों से 8. ज्वालामुखी 9. वातावरण पर

रिश्वत*

लोग हम से रोज़ कहते हैं ये आदत छोड़िये
ये तिजारत है ख़िलाफ़े-आदमीयत[1] छोड़िये
इससे बदतर[2] लत[3] नहीं है कोई, ये लत छोड़िये
रोज़ अख़बारों में छपता है कि रिश्वत छोड़िये
    भूल कर भी जो कोई लेता है रिश्वत, चोर है
    आज क़ौमी पागलों में रात-दिन ये शोर है

किसको समझायें इसे खो दें तो फिर पायेंगे क्या
हम अगर रिश्वत नहीं लेंगे तो फिर खायेंगे क्या
क़ैद भी कर दें तो हमको राह पर लायेंगे क्या
'ये जुनूने-इश्क़ के अन्दाज़[4] छुट जायेंगे क्या'
    मुल्क भर को क़ैद कर दे किसके बस की बात है
    ख़ैर से सब हैं, कोई दो-चार-दस की बात है

ये हवस[5], ये चोरबाज़ारी, ये महँगाई, ये भाव
राई की क़ीमत हो जब परबत तो क्यों आये न ताव
अपनी तनख़्वाहों के नाले में है पानी आध पाव
और लाखों टन की भारी अपने जीवन की है नाव
    जब तलक रिश्वत न लें हम, दाल गल सकती नहीं
    नाव तनख़्वाहों के पानी में तो चल सकती नहीं

---

* इस कविता के 23 बन्द हैं। यहाँ केवल 16 दिए जा रहे हैं।

1. मानवता-विरोधी 2. बुरी 3. आदत 4. इश्क़ के उन्माद के ढंग 5. लोलुपता

ये है मिल वाला, वो बनिया, औ'ये साहूकार है
ये है दूकाँदार, वो है वैद, ये अत्तार है
वो अगर ठग है, तो ये डाकू है, वो बटमार है
आज हर गरदन में काली जीत का इक हार है
हैफ़[1] ! मुल्को-क़ौम की ख़िदमत-गुज़ारी के लिए
रह गए हैं इक हमीं ईमानदारी के लिए

भूख के क़ानून में ईमानदारी जुर्म है
और बेईमानियों पर शर्मसारी[2] जुर्म है
डाकुओं के दौर[3] में परहेज़गारी जुर्म है
जब हुकूमत ख़ाम[4] हो तो पुख़्ताकारी[5] जुर्म है
लोग अटकाते हैं क्यों रोड़े हमारे काम में
जिसको देखो, ख़ैर से नंगा है वो हम्माम में

देखिये जिसको दबाये है बग़ल में वो छुरा
फ़र्क़ क्या इसमें कि मुजरिम सख़्त है या भुरभुरा
ग़म तो इसका है ज़माना है कुछ ऐसा खुरदरा
एक मुजरिम दूसरे मुजरिम को कहता है बुरा
हम को जो चाहें सो कह लें हम तो रिश्वतख़ोर हैं
नासहे-मुशफ़िक़[6] भी तो, अल्लाह रक्खे, चोर हैं

तोंद वालों की तो हो आईनादारी[7], वाहवा
और हम भूखों के सर पर चाँदमारी, वाहवा

1. खेद 2. लज्जित होना 3. काल में 4. अपक्व 5. परिपक्व होना 6. स्नेही धर्मोपदेशक 7. रक्षा

उनकी ख़ातिर सुबह होते ही नहारी[1] वाहवा
और हम चाटा करें ईमानदारी वाहवा
सेठ जी तो ख़ब मोटर में हवा खाते फिरें
और हम सब जूतियाँ गलियों में चटख़ाते फिरें

इस गिरानी[2] में भला क्या ग़ुंचा-ए-ईमाँ[3] खिले
जौ के दाने सख़्त हैं, ताँबे के सिक्के पिलपिले
जायें कपड़े के लिए तो दाम सुनकर दिल हिले
जब गिरेबाँ ता-ब-दमान[4] आये तो कपड़ा मिले
जान भी दे दें तो सस्ते दाम मिल सकता नहीं
आदमीयत का कफ़न है दोस्तो, कपड़ा नहीं

सिर्फ़ इक पतलून सिलवाना क़यामत हो गया
वो सिलाई ली मियाँ दर्ज़ी ने नंगा कर दिया
आपको मालूम भी है चल रही है क्या हवा
सिर्फ़ एक टाई की क़ीमत घोंट देती है गला
हल्की टोपी सर पे रखते हैं तो चकराता है सर
और जूते की तरफ़ बढ़िए तो झुक जाता है सर

थी बुज़ुर्गों की जो बनयाइन वो बनिया ले गया
घर में जो गाढ़ी कमाई थी वो गाढ़ा ले गया
जिस्म की एक-एक बोटी गोश्त वाला ले गया
तन में बाक़ी थी जो चर्बी घी का पीपा ले गया

---

1. नाश्ता 2. महँगाई 3. धर्म-रूपी कली 4. वस्त्र चीथड़ा-चीथड़ा हो जाए तो

आई तब रिश्वत की चिड़िया पंख अपने खोलकर
वर्ना मर जाते मियाँ कुत्ते की बोली बोलकर

पत्थरों को तोड़ते हैं आदमी के उस्तख़्वाँ[1]
संगबारी[2] हो तो बन जाती है हिम्मत सायवाँ[3]
पेट में लेती है लेकिन भूख जब अँगड़ाइयाँ
और तो और, अपने बच्चे को चबा जाती है माँ
क्या बतायें बाज़ियाँ हैं किस क़दर हारे हुए
रिश्वतें फिर क्यों न लें हम भूख के मारे हुए

आप हैं फ़ज़्ले-ख़ुदा-ए-पाक[4] से कुर्शीनशीं[5]
इन्तज़ामे-सल्तनत[6] है आप के ज़ेरे-नगीं[7]
आस्माँ है आपका ख़ादिम तो लौंडी है ज़मीं
आप ख़ुद रिश्वत के ज़िम्मेदार हैं, फ़िदवी[8] नहीं
बख़्शते हैं आप दरिया, कश्तियाँ खेते हैं हम
आप देते हैं मवाके[9], रिश्वतें लेते हैं हम

ठीक तो करते नहीं बुनियादे-नाहमवार[10] को
दे रहे हैं गालियाँ गिरती हुई दीवार को
सच बताऊँ, ज़ेब[11] ये देता नहीं सरकार को
पालिये बीमारियों को मारिये बीमार को
इल्लते-रिश्वत[12] को इस दुनिया से रुख़सत[13] कीजिये
वर्ना रिश्वत की धड़ल्ले से इजाज़त दीजिये

---

1. हड्डियाँ 2. पत्थरों की वर्षा 3. छत्रछाया 4. भगवान की कृपा से 5. कुर्सी पर बैठे हुए (अधिकारी) 6. राज-काज 7. हुक्म के मातहत 8. सेवक 9. अवसर 10. असमतल नींव 11. शोभा 12. रिश्वत के कारण 13. विदा

दस्तकारी के उफ़क़[1] पे अब्र[2] बन कर छाइये
जिहल[3] के ठंडे लहू को इल्म[4] से गरमाइये
कारख़ाने कीजिये क़ायम, मशीनें लाइये
उन ज़मीनों को जो महवे-ख़्वाब[5] हैं चौंकाइये
ख़्वाह कुछ भी हो मँढे ये बेल चढ़ सकती नहीं
मुल्क में जब तक कि पैदावार बढ़ सकती नहीं

बादशाही तख़्त पर है आज हर शै जल्वागर[6]
फिर रहे हैं ठोकरें खाते ज़रो-लालो-गुहर[7]
ख़ास चीज़ें? कीमतें उनकी तो हैं अफ़लाक[8] पर
आबख़ोरा[9] मुँह फुलाता है अठन्नी देखकर
चौदह आने सेर की आवाज़ सुनकर आजकल
लाल हो जाता है गुस्से से टमाटर आजकल

वक़्त से पहले आई है क़यामत देखिये
मुँह को ढाँपे रो रही है आदमीयत देखिये
दूर जाकर किसलिए तस्वीरे - इबरत[10] देखिये
अपने क़िबला 'जोश' साहब ही की हालत देखिये
इतनी गम्भीरी पे भी मरमर के जीते हैं जनाब
सौ जतन करते हैं तो इक घूँट पीते हैं जनाब

---

1. क्षितिज पर 2. बादल 3. अविद्या (मूढ़ता) 4. विद्या 5. निद्रा मग्न 6. सुशोभित (अर्थात् हर वस्तु की कीमत बहुत बढ़ गयी है) 7. धन 8. आकाश पर 9. मिट्टी का बना पानी पीने का बर्तन 10. शोचनीय दृश्य

आदमी

खुशियाँ मनाने पर भी है मजबूर आदमी
आँसू बहाने पर भी है मजबूर आदमी
और मुस्कराने पर भी है मजबूर आदमी
दुनिया में आने पर भी है मजबूर आदमी
दुनिया से जाने पर भी है मजबूर आदमी
ऐ वाये आदमी[1]

मजबूरो-दिलशिकस्ता-ओ-रंजूर[2] आदमी
ऐ वाये आदमी

क्या बात आदमी की कहूँ तुझसे हमनशीं[3]
इस नातवाँ[4] के क़ब्ज़ा-ए-क़ुदरत[5] में कुछ नहीं
रहता है गाह[6] हुजरा-ए-एजाज़[7] में मकीं[8]
पर ज़िन्दगी उलटती है जिस वक़्त आस्तीं
इज़्ज़त गँवाने पर भी है मजबूर आदमी
ऐ वाये आदमी

इन्सान को हवस है जिये सूरते-ख़िंजर[9]
ऐसा कोई जतन हो कि बन जाइये अमर

---

1. वाह रे आदमी 2. विवश, भग्न-हृदय, शोकग्रस्त 3. साथी 4. बेचारे (निर्बल) 5. हाथ में 6. कभी 7. आध्यात्मिक उपासना की कोठरी 8. वासी 9. एक दीर्घ-आयु पैग़म्बर ख़िज्र की तरह

ता-रोजे-हश्र[1] मौत न फटके इधर-उधर
पर ज़ीस्त[2] जब बदलती है करवट कराह कर
तो सर कटाने पर भी है मजबूर आदमी
ऐ वाये आदमी

दिल को बहुत है हँसने-हँसाने की आरज़ू
हर सुबहो-शाम जश्न मानने की आरज़ू
गाने की और ढोल बजाने की आरज़ू
पीने की आरज़ू है पिलाने की आरज़ू
और ज़हर खाने पर भी है मजबूर आदमी
ऐ वाये आदमी

हर दिल में है निशातो-मसर्रत[3] की तश्नगी[4]
देखो जिसे वो चीख़ रहा है "ख़ुशी, ख़ुशी"
इस कारगाहे-फ़ित्ना[5] में लेकिन कभी-कभी
फ़रज़न्दे - नौजवानो - उरूसे - जमील[6] की
मय्यत[7] उठाने पर भी है मजबूर आदमी
ऐ वाये आदमी

हर दिल का हुक्म है कि रफ़ाक़त[8] का दम भरो
अहबाब[9] को हँसाओ मियाँ, आप भी हँसो

---

1. प्रलय तक 2. जीवन 3. रस या आनन्द 4. प्यास 5. झगड़े के कारखाने (संसार) में 6. नौजवान बेटे और सुन्दर दुल्हन 7. शव 8. मित्रता 9. मित्रों को

छूटे न दोस्ती का तअ़ल्लुक़, जो हो सो हो
लेकिन ज़रा-सी देर में याराने-ख़ास[1] को
ठोकर लगाने पर भी है मजबूर आदमी
ऐ वाये आदमी

मक्खी भी बैठ जाये कभी नाक पर अगर
ग़ैरत से हिलने लगता है मरदानगी का सर
इ़ज़्ज़त पे हर्फ़ आये तो देता है बढ़ के सर
और गाह[2] रोज़ ग़ैर के बिस्तर पे रात भर
जोरू सुलाने पर भी है मजबूर आदमी
ऐ वाये आदमी

रिफ़अ़त-पसंद[3] है बहुत इन्सान का मिज़ाज[4]
परचम[5] उड़ा के शान से रखता है सर पे ताज
होता है ओछेपन के तसव्वुर[6] से इख़्तिलाज[7]
लेकिन हर इक गली में ब-फ़रमाने-एहतजाज[8]
बन्दर नचाने पर भी है मजबूर आदमी
ऐ वाये आदमी

दिल हाथ से निकलता है जिस बुत की चाल से
मौजें[9] लहू में उठती हैं जिसके ख़्याल से

---

1. इष्ट मित्रों 2. कभी 3. ऊँचाई को पसन्द करने वाला 4.स्वभाव 5. पताका 6. कल्पना 7. हृदय-कंपन 8. आज्ञानुसार 9. लहरें

सर पर पहाड़ गिरता है जिसके मलाल[1] से
यारो कभी-कभी उसी रंगीं-जमाल[2] से
आँखें चुराने पर भी है मजबूर आदमी
ऐ वाये आदमी

1. दुःख 2. अति सुन्दरी

बेचारगी

ख़ामोशी का समाँ है और मैं हूँ
दियारे-ख़ुफ़्तगाँ[1] है और मैं हूँ
कभी ख़ुद को भी इन्साँ काश समझे
ये सई-ए-रायगाँ[2] है और मैं हूँ
कहूँ किससे कि इस जमहूरियत में
हुजूमे-ख़ुसरवाँ[3] है और मैं हूँ
पड़ा हूँ इक तरफ़ धूनी रमाये
अ़ताबे-रहरवाँ[4] है और मैं हूँ
कहाँ हैं हमज़बाँ[5] अल्लाह जाने
फ़क़त[6] मेरी ज़बाँ है और मैं हूँ
ख़ामोशी है ज़मीं से आस्माँ तक
किसी की दास्ताँ है और मैं हूँ
क़यामत है ख़ुद अपने आशियाँ[7] में
तलाशे-आशियाँ है और मैं हूँ
जहाँ इक जुर्म है यादे-बहाराँ[8]
वो लाफ़ानी ख़िज़ाँ[9] है और मैं हूँ
तरसती हैं ख़रीदारों की आँखें
जवाहिर[10] की दुकाँ है और मैं हूँ

---

1. सोये हुओं का देश 2. व्यर्थ प्रयत्न 3. बादशाहों का समूह 4. राहियों का प्रकोप 5. सह-भाषी 6. केवल 7. नीड़ 8. वसन्त ऋतुओं को याद करना 9. स्थायी पतझड़ 10. रत्नों

नहीं आती अब आवाज़े-जरस[1] भी
गुबारे - कारवाँ[2] है और मैं हूँ
मआ़ले-बन्दगी[3] ऐ 'जोश' तौबा
ख़ुदा-ए-मेहरबाँ[4] है और मैं हूँ

1. घंटियों की आवाज़ 2. कारवाँ गुज़रने के बाद की छाई हुई धूल 3. उपासना का फल 4. कृपालु ईश्वर

ग़द्दार से ख़िताब

उँगलियाँ उट्ठेंगी दुनिया में तेरी औलाद पर
ग़लग़ला[1] होगा तो आते हैं रज़ालत के पिसर[2]
तेरी मस्तूरात[3] का बाज़ार में होगा क़याम[4]
मारिजे-दुश्नाम[5] में तेरा लिया जायेगा नाम
उस तरफ़ मुँह करके थूकेगा न कोई नौजवाँ
बर की हसरत में रहेंगी तेरे घर की लड़कियाँ
क्या जवानों के ग़ज़ब का ज़िक्र ओ इब्ने-ख़िताब[6]
सुनके तेरा नाम उड़ जायेगा बूढ़ों का ख़िज़ाब
फ़ोहूश[7] समझी जायेगी महलों में तेरी दास्ताँ
काँप उठेंगी ज़िक्र से तेरे कँवारी लड़कियाँ
आयेगा तारीख़ का जिस वक़्त जुंबिश[8] में क़लम
क़ब्र तेरी दे उठेंगी लौ, जहन्नुम की क़सम

---

1. शोर 2. नीचों की संतान 3. महिलाओं का 4. निवास 5. गाली के रूप में 6. उपाधि के पुत्र 7. अश्लील 8. गति

'हूँ'

जब कि बच्चे ख़्वाब के हंगाम[1] थे गर्मे-ख़रोश[2]
बाप की सिर्फ़ एक 'हूँ' ने कर दिया सबको ख़मोश
'हूँ' बुज़ुर्गे-ख़ानदाँ[3] की आहनी[4] दीवार है
हर फ़साद और ग़लग़ले को एक 'हूँ' दरकार है
सुनते हैं इन्सान का है बाप रब्बे-कायनात[5]
इसलिए ऐ दोस्त, तुझसे पूछता हूँ एक बात
जब 'हलाकू' ने बहाई थीं लहू की नद्दियाँ
कोई 'हूँ' उस वक़्त क्या गूँजी थी ज़ेरे-आस्माँ[6]
तोहफ़तन[7] आये थे जब मक़तूल[8] इन्सानों के सर
फट पड़ी थी क्या कोई 'हूँ' ख़ेमा-ए-चंगेज़[9] पर
शो'ला-हाए[10] हुक्मे-नीरो[11] जब कि थे भड़के हुए
डाँट की कोई सदा[12] आई थी बामे-अ़र्श[13] से
ले उड़ा था जबकि रावन एक देवता का गुहर[14]
कोई 'हूँ' गरजी थी क्या उस वक़्त औजे-चर्ख़[15] पर
जब बहा था कर्बला की ख़ाक पर दरिया-ए-ख़ूँ[16]
दहर[17] पर नाज़िल[18] हुई थी कोई हैबतनाक[19] 'हूँ'
कर रहा था ज़हर जब सुक़रात के दिल पर असर

---

1. सोने के समय 2. शोर मचा रहे थे 3. परिवार के बुज़ुर्ग की 4. लोहे की 5. ब्रह्माण्ड का स्वामी 6. आकाश के नीचे 7. उपहार स्वरूप 8. क़त्ल किए हुए 9. चंगेज़ के ख़ेमे पर 10. शोले 11. रोम का एक बादशाह, जो उस समय भी बाँसुरी बजाता रहा जब सारा रोम जल रहा था 12. आवाज़ 13. आकाश 14. मोती 15. आकाश पर 16. खून की नदी 17. संसार 18. अवतीर्ण 19. भयंकर

अ़र्श से उतरी थी कोई 'हूँ' बिसाते-फ़र्श[1] पर
ईसा-ए-मरियम को जब खेंचा गया था दार[2] पर
हो गयी थी क्या किसी 'हूँ' से ज़मीं ज़ेरो-ज़बर[3]
ऐटम ने रख दिया था भून कर जब इक शहर
क़ुलज़मे-तंबीह[4] में आई थी क्या कोई लहर
बस्तियाँ ग़लतीदा[5] थीं जब खून के गिरदाब[6] में
कोई 'हूँ' गरजी थी क्या बंगाला-ओ-पंजाब में
जब हुए थे आख़िरी अवतार गाँधी जी हलाक़
आई थी उस वक़्त क्या कोई सदा-ए-हौलनाक[7]
इतनी चुप साधे हुए है किस लिए अ़र्शे-बरी[8]
क्यों हमारा आसमानी बाप 'हूँ' करता नहीं

1. धरती पर 2. फाँसी पर 3. उलट-पलट 4. चेतावनी के सागर में (ईश्वर) 5. लोट रही थीं 6. भँवर
7. भयंकर आवाज़ 8. सबसे ऊँचा आकाश जहाँ भगवान रहता है

इन्सानियत का कोरस

बढ़े चलो, बढ़े चलो, रवाँ-दवाँ बढ़े चलो
बहादुरो वो ख़म[1] हुईं बुलंदियाँ बढ़े चलो
पए-सलाम[2] झुक चला वो आस्माँ बढ़े चलो
फ़लक[3] के उठ खड़े हुए वो पासबाँ[4] बढ़े चलो
ये माह[5] है वो मेहर[6] है ये कहकशाँ[7] बढ़े चलो
लिये हुए ज़मीन को कशाँ-कशाँ[8] बढ़े चलो
रवाँ-दवाँ बढ़े चलो, रवाँ-दवाँ बढ़े चलो

अभी निशाँ मिला नहीं है मंज़िले-निजात[9] का
अभी तो दिन के वलवले में वसवसा[10] है रात का
अभी लिया नहीं है दिल ने जायज़ा[11] हयात[12] का,
अभी पता चला नहीं है सिर्रे-कायनात[13] का
अभी नज़र नहीं हुई है राज़दाँ, बढ़े चलो
रवाँ-दवाँ बढ़े चलो, रवाँ-दवाँ बढ़े चलो

तुम्हारी जुस्तजू में हैं रवाँ जहाँपनाहियाँ[14]
फ़लक की शहरयारियाँ[15], ज़मीं की कजकुलाहियाँ[16]

---

1. झुक गईं 2. सलाम के लिए 3. आकाश 4. रक्षक 5. चाँद 6. सूरज 7. आकाश-गंगा 8. खींचते हुए 9. मुक्ति की मंज़िल का 10. भय 11. प्रेक्षण 12. जीवन 13. ब्रह्माण्ड के भेदों का 14,15,16. बादशाहतें

तुम, और बिसाते-बेदिली[1] पे दिलशिकन[2] जमाहियाँ
हर इक क़दम पे हैं तो हों तबाहियाँ सियाहियाँ
तबाहियों, सियाहियों के दर्मियाँ बढ़े चलो
रवाँ-दवाँ बढ़े चलो, रवाँ-दवाँ बढ़े चलो
क़रीबे-ख़त्म रात है, रवाँ-दवाँ सियाहियाँ
सफ़ीना-हाए-रंगो-बू[3] के खुल रहे हैं बादबाँ
फ़लक धुला-धुला-सा है ज़मीन है धुआँ-धुआँ
उफ़क़[4] की नर्म साँवली सियाहियों के दर्मियाँ
मचल रही हूँ ज़रनिगार[5] सुर्ख़ियाँ[6] बढ़े चलो
रवाँ-दवाँ बढ़े चलो, रवाँ-दवाँ बढ़े चलो

1. बेदिली के बिस्तर पर 2. हृदयभंजक 3. रंग तथा सुगन्धि की नौकाओं (संसार) के 4. क्षितिज
5. स्वर्णिम 6. लालिमाएँ

बुलंद-बीनी*

कहाँ-तसव्वुरे पस्ती[1] बुलंदबीनों को
हम-आसमान से लाते नहीं ज़मीनों को
हमें डराएगा क्या ख़ाक बहर-तूफ़ाँ-ख़ेज़[2]
कि हमने सैल[3] बनाया है ख़ुद सफ़ीनों[4] को
किसी के दर[5] पे झुकाते नहीं जो सर अपना
उन्हें ये हक़ है चलें तानकर वो सीनों को
मेरी निगाह में हैं नाकारा[6] वो सुबक फ़नकार[7]
हसीनतर जो बनाते नहीं हसीनों को
लगाओ बढ़ के अनासिर[8] के मुँह में जल्द लगाम
कि इनकी पुश्त[9] पे मैं कस चुका हूँ ज़ीनों को
क़दीम[10] काबा-ओ-काशी के हाजिबो[11] हुशियार
मुक़ामे-कुफ़्र[12] से ललकारता हूँ दीनों[13] को
बशर[14] के ज़ेहन[15] पे क़रनों[16] से जो मुसल्लत[17] है
बदल रहा हूँ गुमानों[18] में उन यक़ीनों[19] को
कल उनकी नस्ल का ऐ 'जोश' मैं बनूँगा इमाम[20]
ख़बर करो मेरे मसलक[21] के नुक्ता-चीनों[22] को

---

* उच्च-दृष्टि।

1. अधःस्थल की कल्पना 2. प्रचण्ड सागर 3. बाढ़ 4. नावों को 5. दरवाज़े (दहलीज़) पर 6. अयोग्य 7. तुच्छ कलाकार 8. तत्वों के 9. पीठ पर 10. प्राचीन 11. देख-रेख करने वालों 12. नास्तिकता के स्थान से 13. धर्मों को 14. मनुष्य 15. मस्तिष्क 16. शताब्दियों से 17. सवार 18. भ्रमों में 19. विश्वासों को 20. नेता 21. मत 22. आलोचकों को

दीने-आदमीयत*

ये मुसलमाँ है, वो हिन्दू, ये मसीही[1], वो यहूद[2]
इस पे ये पाबन्दियाँ हैं, और उस पर ये क़यूद[3]

शैख़ो-पण्डित ने भी क्या अहमक़ बनाया है हमें
छोटे-छोटे तंग ख़ानों में बिठाया है हमें

क़स्रे-इन्सानी[4] पे ज़ुल्मों-जहल[5] बरसाती हुई
झंडियाँ कितनी नज़र आती हैं लहराती हुई

कोई इस ज़ुल्मत में सूरत ही नहीं है नूर[6] की
मुहर दिल पे लगी है इक-न-इक दस्तूर[7] की

घटते-घटते मेह्रे-आलमताब से तारा हुआ
आदमी है मज़हबो-तहज़ीब का मारा हुआ

कुछ तमद्दुन[8] के ख़लफ़[9] कुछ दीन[10] के फ़र्ज़न्द[11] हैं
कुलज़मों[12] के रहने वाले बुलबुलों[13] में बन्द हैं

---

* 'मानव-धर्म' (73 शे'रों की इस नज़्म के केवल 11 शे'र यहाँ दिये गये हैं)।

1. ईसाई 2. यहूदी 3. बन्धन 4. मानवता के महलों पर 5. अत्याचार और मूढ़ता 6. प्रकाश की 7. जातीय या धर्म सम्बन्धी रिवाज़ों की 8. संस्कृति के 9. सन्तान 10. मज़हब के 11. पुत्र 12. समुद्रों के (मिस्र के समीप के समुद्र का नाम) 13. पानी के बुलबुलों में

क़ाबिले-इबरत[1] है ये महदूदियत[2] इन्सान की
चिट्ठियाँ चिपकी हुई हैं, मुख़्तलिफ़[3] अदयान[4] की

फिर रहा है आदमी भूला हुआ भटका हुआ
इक-न-इक लेबिल हर इक माथे पे है लटका हुआ

आख़िर इन्साँ तंग साँचों में ढला जाता है क्यों
आदमी कहते हुए अपने को शर्माता है क्यों

क्या करे हिन्दोस्ताँ, अल्लाह की है ये भी देन
चाय हिन्दू, दूध मुस्लिम, नारियल सिख, बेर जैन

अपने हमजिन्सों[5] के कीने[6] से भला क्या फ़ायदा
टुकड़े-टुकड़े होके जीने से भला क्या फ़ायदा

---

1. सीख योग्य 2. संकीर्णता 3. भिन्न-भिन्न 4. मज़हबों की (दीन का बहुवचन) 5. साथी मनुष्यों के 6. द्वेष से

वतन

पहले जिस चीज़ को देखा वो फ़िज़ा[1] तेरी थी
पहले जो कान में आई वो सदा[2] तेरी थी
पालना जिसने हिलाया वो हवा तेरी थी
जिसने गहवारे[3] में चूमा वो सबा[4] तेरी थी
अव्वलीं-रक़्स[5] हुआ मस्त घटा में तेरी
भीगी हैं अपनी मसें आबो-हवा में तेरी
ऐ वतन! आज से क्या हम तेरे शैदाई हैं
आँख जिस दिन से खुलीं तेरे तमन्नाई हैं
मुद्दतों से तेरे जल्वों के तमाशाई हैं
हम तो बचपन से तेरे आशिक़ो-सौदाई[6] हैं
भाई तिफ़्ली[7] से हर-इक आन जहाँ में तेरी
बात तुतलाके जो की भी तो ज़बाँ में तेरी
हुस्न तेरे ही मनाज़र[8] ने दिखाया हमको
तेरी ही सुबह के नग़्मों[9] ने जगाया हमको
तेरे ही अब्र[10] ने झूलों में झुलाया हमको
तेरे ही फूलों ने नौशाह[11] बनाया हमको
ख़न्दा-ए-गुल[12] की ख़बर तेरी ज़बानी आई
तेरे बाग़ों में हवा खाके जवानी आई

---

1. वातावरण 2. आवाज़ 3. पालने में 4. वायु 5. प्रथम नृत्य 6. दीवाने 7. बचपन से 8. प्राकृतिक दृश्यों ने 9. गीतों ने 10. बादलों ने 11. दूल्हा 12. फूलों के मुस्कुराने की

तुझसे मुँह मोड़ के मुँह अपना दिखायेंगे कहाँ
घर जो छोड़ेंगे तो फिर छावनी छायेंगे कहाँ
बज़्मे-अग़ियार[1] में आराम ये पायेंगे कहाँ
तुझसे हम रूठ के जायें भी तो जायेंगे कहाँ
तेरे हाथों में है क़िस्मत का नविश्ता[2] अपना
किस क़दर तुझसे भी मज़बूत है रिश्ता अपना
हम ज़मीं को तेरी नापाक न होने देंगे
तेरे दामन को कभी चाक न होने देंगे
तुझको, जीते हैं तो ग़मनाक न होने देंगे
ऐसी अकसीर को यूँ ख़ाक़ न होने देंगे
जी में ठानी है यही, जी से गुज़र जायेंगे
कम-से-कम वादा ये करते हैं कि मर जायेंगे

1. शत्रु की महफ़िल में 2. भाग्य-लेख

ज़ईफ़ा*

अपनी ताबे-जर[1] से ऐ सरमायादारो होशियार
अपने ताजों की चमक से ताजदारो होशियार
नीलमो-याक़ूत से शोले भड़क उठने को हैं
सुर्ख़ दीनारों[2] में अंगारे दहक उठने को हैं
फ़र्शे-गुल वालो![3] ज़मीं पर लोग महवे-ख़्वाब[4] हैं
ख़िरमनों[5] के पासबानो! बिजलियाँ बेताब हैं

---

* बुढ़िया

1. धन की चकाचौंध से 2. अशर्फ़ियों में 3. फूलों के फ़र्श वालो! 4. स्वप्न-मग्न 5. खलियानों के

दाग़े-जिगर बेचता हूँ

जहाँ संगरेज़ों[1] पे गिरते हैं गाहक
वहाँ जिन्से-लालो-गुहर[2] बेचता हूँ

जहाँ क़द्रदाँ है जमअ़ तल्ख़ियों[3] के
वहाँ क़न्दो[4]-शहदो-शकर बेचता हूँ

परस्तारियां[5] हैं जहाँ ज़ुल्मतों[6] की
वहाँ नूरे-शम्सो-क़मर[7] बेचता हूँ

जहाँ दर्दे-दिल का मुख़ालिफ़[8] है आलम[9]
वहाँ दर्दे-दिल का असर बेचता हूँ

छुपाकर रदीफ़ो-क़वाफ़ी[10] के अन्दर
मैं दिल बेचता हूँ, जिगर बेचता हूँ

---

1. पत्थर के टुकड़ों पर 2. लाल-मोती जैसे जवाहरात 3. कटुताओं के 4. खाँड 5. पूजा 6. अँधेरों की
7. चन्द्र-सूर्य का प्रकाश 8. विरोधी 9. संसार 10. क़ाफ़िया और रदीफ़ (पद्य-रचना के अंग)

गुज़र जा

मसर्रत[1] की तानें उड़ाता गुज़र जा
तरब के तराने[2] सुनाता गुज़र जा
बशाशत[3] के दरिया बहाता गुज़र जा
ज़माने से गाता-बजाता गुज़र जा
गुज़र जा ज़मीं को नचाता गुज़र जा

मिटा डाल एहसासे-आज़ारे-ग़म[4] को
जो दाना[5] है तू फेंक दे बारे-ग़म[6] को
जला दे फ़रामीने-सरकारे-ग़म को
जरी[7] है तो हर-एक दीवारे ग़म को
हिलाता, बिठाता, गिराता गुज़र जा

ज़मानो-मकां की सितमरानियों पर
मसाइब[8] की हंगामा सामानियों पर
हयाते-दोरोज़ा[9] की नादानियों पर
ख़ता और ख़ता की पशेमानियों पर
नज़र डालता मुस्कराता गुज़र जा

---

1. प्रसन्नता की 2. आनन्द के गीत 3. ख़ुशी के 4. दुःख-रूपी रोग की अनुभूति को 5. बुद्धिमान 6. ग़म के बोझ को 7. वीर 8. मुसीबतों की 9. दो दिन के जीवन की

ये माना कि ये ज़िन्दगी पुर-अलम[1] है
ये माना कि ये ज़िन्दगी मौजे-सम[2] है
ये माना कि ये ज़िन्दगी इक सितम है
ये माना कि ये ज़िन्दगी ग़म ही ग़म है
सरे-ग़म पे ठोकर लगाता गुज़र जा

अगर हर नफ़स है सताने पे माइल[3]
अगर ज़िन्दगी है रुलाने पे माइल
अगर आस्माँ है मिटाने पे माइल
अगर दहर[4] है रंग उड़ाने पे माइल
ख़ुद इस दहर का रंग उड़ाता चला जा

जहाँ की रविश[5] है बहुत ज़ालिमाना
रिया[6] हर फ़ुसूँ[7] है दग़ा[8], हर फ़साना
न कर फिर भी ये शिकवाए-आ़मियाना
कि आँखें दिखाता है तुझको ज़माना
ज़माने को आँखें दिखाता चला जा

---

1. दुःखपूर्ण 2. ज़हर की लहर 3. उतारू 4. संसार 5. तरीक़ा 6. पाखंड 7. जादू 8. सर्वसाधारण-जैसी शिकायत

महसूसात

फूल मुट्ठी में अगर कुछ देर तक रहते हैं बन्द
हाथ में होती है पैदा इक मुअ़त्तर-सी नमी[1]
यूँ ही जब कुछ देर करता हूँ तसव्वुर हुस्न[2] का
साँस में होती है ख़ुशबू, और आँखों में तरी
और ये महसूस होता है, कि जानाँ[3] ने मुझे
भींचकर आग़ोश में ता-देर[4] छोड़ा है अभी

---

1. सुगन्धित गीलापन 2. रूप अर्थात् प्रेमिका की कल्पना 3. प्रियतमा ने 4. अभी

नक़्शे-ख़्याल दिल से मिटाया नहीं हुनूज़

नक़्शे-ख़्याल[1] दिल से मिटाया नहीं हुनूज़[2]
बेदर्द मैंने तुझको भुलाया नहीं हुनूज़
वो सर जो तेरी राहे-गुज़र[3] में था सिज्दारेज़[4]
मैंने किसी क़दम पे झुकाया नहीं हुनूज़
महराबे-जाँ[5] में तूने जलाया था ख़ुद जिसे
सीने का वो चिराग़ बुझाया नहीं हुनूज़
बेहोश होके जल्द तुझे होश आ गया
मैं बदनसीब होश में आया नहीं हुनूज़
मरकर भी आएगी ये सदा क़ब्रे-'जोश' से—
''बेदर्द! मैंने तुझको भुलाया नहीं हुनूज़''

1. कल्पना-चित्र 2. अभी तक 3. तेरे मार्ग में 4. नतमस्तक 5. हृदय-मन्दिर में

एक गीत

नगरी मेरी कब तक युँही बरबाद रहेगी
दुनिया यही दुनिया है तो क्या याद रहेगी
आकाश पे निखरा हुआ सूरज का है मुखड़ा
और धरती पे उतरे हुए चेहरों का है दुखड़ा
दुनिया यही दुनिया है तो क्या याद रहेगी
नगरी मेरी कब तक युँही बरबाद रहेगी
कब होगा सवेरा? कोई ऐ काश बता दे
किस वक़्त तक, ऐ घूमते आकाश, बता दे
इन्सान पर इन्सान की बेदाद रहेगी
नगरी मेरी कब तक युँही बरबाद रहेगी
चहकार से चिड़ियों की चमन गूँज रहा है
झरनों के मधुर गीत से बन गूँज रहा है
पर मेरा तो फ़रियाद से मन गूँज रहा है
कब तक मेरे होंठो पे ये फ़रियाद रहेगी
नगरी मेरी कब तक युँही बरबाद रहेगी
इश्रत का उधर नूर, इधर ग़म का अँधेरा
साग़र का उधर दौर, इधर ख़ुश्क ज़बाँ है
आफ़त का ये मंज़र है, क़्यामत का समाँ है
आवाज़ दो इन्साफ़ को इन्साफ़ कहाँ है
रागों की कहीं गूँज, कहीं नाला-ओ-फ़रियाद
नगरी मेरी बरबाद है बरबाद है बरबाद
नगरी मेरी कब तक युँही बरबाद रहेगी

हर शै में चमकते हैं उधर लाख सितारे
हर आँख से बहते हैं इधर खून के धारे
हँसते हैं चमकते हैं उधर राजदुलारे
रोते हैं बिलखते हैं इधर दर्द के मारे
        इक भूख से आज़ाद तो सौ भूख से नाशाद
        नगरी मेरी बरबाद है बरबाद है बरबाद
        नगरी मेरी कब तक युँही बरबाद रहेगी
ऐ चाँद उमीदों को मेरी शमअ़ दिखा दे
डूबे हुए खोये हुए सूरज का पता दे
रोते हुए जुग बीत गया अब तो हँसा दे
ऐ मेरे हिमालय मुझे ये बात बता दे
होगी मेरी नगरी भी कभी ख़ैर से आज़ाद
नगरी मेरी बरबाद है बरबाद है बरबाद
        नगरी मेरी कब तक युँही बरबाद रहेगी
        दुनिया यही दुनिया है तो क्या याद रहेगी

एतिराफ़े-अज्ज़*

लोग कहते हैं कि मैं हूँ शायरे-जादूबयाँ[1]
सदरे-मआ़नी[2], दावरे-अल्फ़ाज़[3], अमीरे-शायराँ[4]
और ख़ुद मेरा भी कल तक, ख़ैर से, था ये ख़्याल
शायरी के फ़न[5] में हूँ मिनजुमला-ए-अहले-कमाल[6]
लेकिन अब आई है जब इक-गूना[7] मुझमें पुख़्तगी[8]
ज़ेहन[9] के आईने पर काँपा है अ़क्से-आगही[10]
आस्माँ जागा है सर में और सीने में ज़मीं
अब मुझे महसूस होता है कि मैं कुछ भी नहीं
जिहल[11] की मंज़िल में था मुझको ग़रूरे-आगही[12]
इतनी लामहदूद[13] दुनिया और मेरी शायरी
ज़ुल्फ़े-हस्ती[14] और इतने बेनिहायत[15] पेचो-ख़म[16]
उड़ गया रंगे-तअ़ल्ली[17] खुल गया अपना भरम
मेरे शे'रों में फ़क़त इक तायराना[18] रंग है
कुछ सियासी रंग है, कुछ आशिक़ाना रंग है
कुछ मनाज़िर[19] कुछ मबाहिस[20] कुछ मसाइल[21] कुछ ख़्याल

---

* हीनता स्वीकृति।

1. वर्णन में जादू का-सा प्रभाव रखने वाला कवि 2. अर्थपूर्ण बात कहने वालों का नेता 3. शब्दों का न्यायाधीश 4. कवियों का सरदार 5. कला 6. अत्यन्त प्रतिभाशाली कवियों में से 7. थोड़ी-सी 8. प्रौढ़ता 9. मस्तिष्क 10. बुद्धि का प्रतिबिम्ब 11. मूढ़ता 12. बुद्धिमान होने का घमंड 13. असीम 14. सृष्टि-रूपी केश 15. असंख्य 16. पेच (उलझाव) 17. शेख़ी का रंग 18. छिछला (ऊपरी) 19. दृश्य 20. तर्क 21. समस्याएँ

इक उचटता-सा जमाल[1] इक सर-ब-ज़ानू[2] सा ख़्याल
मेरे कस्रे-शे'र[3] में ग़ोग़ाये[4] - फ़िक्रे - नातमाम[5]
एक दर्दअंगेज़[6] दरमाँ[7] इक शिकस्त-आमादा[8] जाम[9]
गाह[10] सोज़े-चश्मो-अबरू[11] गाह सोज़े-नाओ-नोश[12]
गाह ख़लवत[13] की ख़मोशी गाह जलवत[14] का ख़रोश[15]
चहचहे कुछ मौसमों के, ज़मजमे[16] कुछ जाम के
दैरे-दिल[17] में चन्द मुखड़े मरमरीं-असनाम[18] के
चंद ज़ुल्फ़ों की सियाही, चंद रुख़सारों[19] की आब
गाह हर्फ़े-बेनवाई[20] गाह शोरे-इंक़िलाब
गाह मरने के अ़ज़ायम[21] गाह जीने की उमंग
बस यही सतही[22] सी बातें, बस यही ओछे से रंग
बेख़बर था मैं कि दुनिया राज़-अंदर-राज़[23] है
वो भी गहरी ख़ामोशी है जिसका नाम आवाज़ है
ये सुहाना बोसताँ[24] सर्वो-गुलो-शमशाद[25] का
एक पल भर का खिलंडरापन है आबो-बाद[26] का
इब्तिदा-ओ-इंतिहा[27] का इल्म नज़रों से निहाँ[28]
टिमटिमाता-सा दीया, दो ज़ुल्मतों[29] के दर्मियाँ

---

1. सौन्दर्य 2. घुटनों पर झुका हुआ (तुच्छ) 3. शे'रों के महल में 4. कोलाहल 5. अपूर्ण चिन्तन 6.हृदय-विदारक 7. चिकित्सा 8. टूटने को तैयार 9. प्याला 10. कभी (कहीं) 11. नयन तथा भृकुटी की चिन्ता 12. खाने-पीने आदि की चिन्ता 13. एकान्त 14. सभा 15. शोर 16. गान 17. हृदय-मन्दिर 18. मरमर की बनी हुई मूर्तियाँ (अति सुन्दर नारियाँ) 19. कपोलों की 20. निर्धनता की चर्चा 21. संकल्प 22. छिछली 23. भेद के भीतर भेद 24. फुलवारी 25. सुन्दर वृक्षों और फूलों 26. बादल तथा वायु का 27. आदि तथा अन्त 28. गुप्त 29. दो लोकों के अंधकार के

अंजुमन[1] में तख़लिये[2] हैं, तख़लियों में अंजुमन
हर शिकन[3] में इक खिचावट, हर खिचावट में शिकन
हर गुमाँ[4] में इक यक़ीं-सा हर यक़ीं में सौ गुमाँ
नाख़ुने-तदूबीर[5] भी ख़ुद एक गुत्थी बेअमाँ[6]
एक-एक गोशे[7] से पैदा वुसअ़ते कौनो-मकाँ[8]
एक-एक ख़ोशे[9] में पिनहाँ[10] सद बहारे-जाविदाँ[11]
बर्क़[12] की लहरों की वुसअ़त[13] अलहफ़ीज़ो-अलअमाँ[14]
और मैं सिर्फ़ एक कौंदे की लपक का राज़दाँ[15]
राज़दाँ क्या, मदहख़्वाँ[16] और मदहख़्वाँ भी कमसवाद[17]
नाबलद[18], नादान, नावाक़िफ़, नदीदह[19], नामुराद
क्यों न फिर समझूँ सुबक[20] अपने सुख़न[21] के रंग को
नुत्क़[22] ने अलमास[23] के बदले तराशा संग[24] को
लैला-ए-आफ़ाक़[25] उलटती ही रही पैहम[26] निक़ाब
और यहाँ औरत, मनाज़िर[27], इश्क़, सहबा[28] इंक़िलाब
पा रहा हूँ शायद अब इस तीरह-हल्क़े से[29] निजात[30]
क्योंकि अब पेशे-नज़र[31] हैं उक़दाहाये-कायनात[32]
ये भिंची उलझी ज़मीं, ये पेच-दर-पेच आस्माँ
अलअमानो-अलअमानो-अलअमानो-अलअमाँ[33]

---

1. सभा 2. एकान्त 3. सल्वट 4. भ्रम 5. उपाय का नाख़ून 6. अनन्त 7. कोने से 8. ब्रह्माण्ड की-सी विशालता 9. बाल 10. निहित 11. सैकड़ों शाश्वत वसन्त ऋतुएँ 12. बिजली 13. विशालता 14. ख़ुदा की पनाह 15. भेदी 16. गुणगायक 17. तुच्छ 18. अनभिज्ञ 19. अन्धा 20. हल्का 21. शायरी 22. वाक्शक्ति 23. हीरे 24. पत्थर 25. संसार रूपी रात 26. निरन्तर 27. दृश्य 28. शराब 29. अंधेरे क्षेत्र से 30. मुक्ति 31. नज़र के सामने 32. ब्रह्माण्ड के गूढ़ रहस्य 33. ख़ुदा की पनाह

इक नफ़स[1] का तार और ये शोरे-उम्रे-जाविदाँ[2]
इक कड़ी और उस में ज़ंजीरों के इतने कारवाँ
एक-एक लम्हे में इतने कारवाने-इंक़िलाब
एक-एक ज़र्रे में इतने माहताबो-आफ़ताब[3]
इक सदा[4] और उसमें ये लाखों हवाई दायरे
जिसके शो'बो[5] को अगर चुन ले तो दुनिया गूँज उठे
एक बूँद और हफ़्त-क़ुलज़म[6] के हिला देने का जोश
एक गूँगा ख़्वाब और ताबीर[7] का इतना ख़रोश[8]
इक कली और उसमें सदियों की मताअ़-ए-रंगो-बू[9]
सिर्फ़ इक लम्हे[10] की रग में और क़रनों[11] का लहू
हर क़दम पर नस्ब[12], और असरार[13] के इतने ख़याम[14]
और इस मंज़िल में मेरी शायरी मेरा कलाम
जिसमें राज़े-आ़स्माँ है और न असरारे-ज़मीं
एक ख़स[15], इक दाना, इक जौ, एक ज़र्रा भी नहीं
नौ-ए-इन्सानी[16] को जब मिल जाएगी रफ़्तारे-नूर[17]
शायरे-आज़म[18] का होगा कहीं जाकर ज़हूर[19]
ख़ाक से फूटेगी जब उम्रे-अबद[20] की रोशनी
झाड़ देगी मौत को दामन[21] से जिस दिन ज़िंदगी
जब हमारी जूतियों की गर्द होगी कहकशाँ[22]

---

1. श्वास 2. अमर जीवन का शोर 3. चाँद-सूरज 4. आवाज़ 5. टुकड़ों को 6. सप्त सागर 7. स्वप्न-फल 8. शोर 9. सुगन्धि तथा रंग की पूँजी 10. क्षण 11. शताब्दियों का 12. गड़े हुए 13. रहस्यों के 14. ख़ैमे 15. तिनका 16. मानव-जाति 17. प्रकाश की-सी तीव्र गति 18. महाकवि 19. आविर्भाव 20. अमर जीवन 21. पल्लू 22. आकाश-गंगा

तब जनेगी नस्ले-आदम[1] शायरे-जादूबयाँ
फ़िक्र[2] में कामिल[3] न फ़न्ने शे'र[4] में यकता[5] हूँ मैं
कुछ अगर हूँ तो नक़ीबे-शायरे-फ़र्दा[6] हूँ मैं

1. मानव-जाति 2. चिन्तन 3. सिद्ध 4. काव्य-कला 5. अद्वितीय 6. भावी शायर का सूचक

निज़ामे-नौ*

खेल हाँ ऐ नौ-इन्साँ[1] इन सियह रातों से खेल
आज अगर तू ज़ुल्मतों[2] में पा-ब-जौलाँ[3] है तो क्या
मुस्कराने के लिए बेचैन है सुब्हे - वतन
और चंदे[4] ज़ुल्मते - शामे - ग़रीबाँ[5] है तो क्या
ख़त्म हो जायेगी कल ये नारवा[6] पस्तो-बुलन्द[7]
आज नाहमवार[8] सतहे-बज़्मे इम्काँ[9] है तो क्या
मुट्ठियों में भरके अफ़शाँ[10] चल चुका है इंक़िलाब
अब्रे-ग़म[11] ज़ुल्फ़े-जहाँ[12] पर बाले-ज़ुंबां[13] है तो क्या
कल जवाहिर[14] से गिराँ[15] होगी लहू की बूँद-बूँद
आज अपना ख़ून पानी से भी अरज़ाँ[16] है तो क्या
आ रही है आग लंका की तरफ़ बढ़ती हुई
आज रावन का महल सीता का ज़िन्दाँ[17] है तो क्या
हो रहा है तबअ़[18] फ़रमाने-ह्याते-जाविदाँ[19]
मौत अगर अब तक रगे-जाँ[20] पर ख़रामाँ[21] है तो क्या

---

* नव-व्यवस्था।

1. मनुष्य 2. अँधेरे में 3. पाँव में बेड़ी पड़ी हुई 4. थोड़ी देर 5. मुसीबत की शाम का अँधेरा 6. अनुचित 7. ऊँच-नीच 8. असमतल 9. सम्भावनाओं की सतह 10. चमकीला पिष्ट 11. ग़म का बादल 12. संसार के केशों पर 13. गतिशील 14. हीरों से 15. महँगी 16. सस्ता 17. कारागार 18. छप रहा है 19. अमर जीवन का निर्देश-पत्र 20. शहरग 21. गतिमान

जानवर का जानवर भी कल को होगा मुद्दई[1]
आज अगर इन्सान का इन्सान दुश्मन है तो क्या
'जोश' के अफ़कार[2] को मानेगी मुस्तक़बिल की रूह
आज अगर रुसवा ये मर्दे-नामुसलमाँ[3] है तो क्या

---

1. शुभ-चिन्तक 2. विचारों, रचनाओं को 3. जो मुसलमान नहीं है (विश्वास का पात्र नहीं है)

रूपमती

रुख़सार में शमअे-कावा की जौ[1]
आँखों में चिरोगे-दैर[2] की लौ
ख़ुश पेकरो-ख़ुश-जमा लो, ख़ुश-रू[3]
छटकी हुई चांदनी लबे-जू
पलकों की झपक में मुस्कराहट
शोले की ख़फ़ीफ़[4] थरथराहट
बरसात की रागिनी की रातें
गलतीदा हसीन दस्ता[5]-पा में
अनफ़ास में कमसिनी की ख़ुश्बू
बंगाल की अंखड़ियों में जादू
चेहरे पर शबोनम का तलातुम[6]
बुतखाने की सुबह का तबस्सुम[7]
आरजे में दमक, दमक में नुदरत[8]
बरसात के चांद की लताफ़त
रस की बूँदें कि नरम बातें
आवाज़ में मालवे की रातें

1. चमक, प्रकाश 2. मन्दिर का दीया 3. सुन्दर शरीर और सुन्दर मुख 4. नदी किनारे, संक्षिप्त, तनिक 5. सुन्दर हाथ-पाँव में लिप्त 6. तूफ़ान, भँवर 7. मुस्कान 8. नयापन, आभा

चाँद के इंतज़ार में तारे

किसने वादा किया है आने का
हुस्न देखो ग़रीबख़ाने का
रूह को आइना दिखाते हैं
दरो-दीवार मुस्कुराते हैं।
आज घर 'घर' बना है पहली बार
दिल में है ख़ुश सलीक़दी बेदार
ग़र्क़ हैं रूहे-ख़ुश जमाली में
नज़्म है तबा ला उबाली में
जमा सामाँ है ऐशो-इशरत का
ख़ौफ़ दिल में फ़रेबे-क़िस्मत का।
सोजे-क़ल्बे-कलीम अंखों में
अश्क उम्मीदो-बीम आंखों में
चाँद के इंतज़ार में तारे
रात भीगी शगुफ़्ता हाट हुआ।
रंग कलियों में आश्कार हुआ।
ठंड़ी-ठंड़ी हवाओं में मचली
इल्की हल्की महक चँवेली की।
वादा जंजाल बन गया जी का
रंगे-उम्मीद हो गया फीका।
इक जहाँ चश्मे-तर में गर्द हुआ

दिल दो धड़का कि रंग ज़र्द हुआ।
दफ़अतन इक चमक सी दौड़ गई
बामो-दर पर फलक सी दौड़ गई।
दिल में चमकी उमीद की बिजली
उंगलियाँ और हो गई ठंडी।
अलअमां शौक़े-दीद की पूरिश
बढ़ गई और ख़ून की गर्दिश।
अपनी हद्दे-वफ़ा हुई महसूस
उनकी आवाज़े-पा हुई महसूस।
छा गई बामो-दर पे दानाई
दिल में ली वल्वलों ने अँगड़ाई।
जल उठी शम्मा दिल की मर्जालस में
सुबह गोमा हुई बनारस में।
फ़र्ते-शादी से बौखला सा गया
दिल में अहसास शादमानी का।
तार नज़रों के दम ब दम काँये
लड़खड़ाई ज़बाँ, क़दम काँपे।
न रहा सिलसिला वो आहों का
रिश्ता सिमटा मिरी निगाहों का।
आये वो अश्क थम गये बारे
चाँद निकला सुबुक हुए तारे।

ग़ज़लें

1

फ़िक्र[1] ही ठहरी तो दिल को फ़िक्रे-ख़ुबाँ[2] क्यों न हो
ख़ाक होना है तो ख़ाके-क़ू-ए-जानाँ[3] क्यों न हो

दहर[4] में ऐ ख़्वाजा[5] जब ठहरी असीरी[6] नागुज़ीर[7]
दिल असीरे-हल्क़ा-ए-गेसू-ए-पेचां[8] क्यों न हो

ज़ीस्त[9] है जब मुस्तक़िल आवारागर्दी ही का नाम
अक़्ल वालो! फिर तवाफ़े-कू-ए-जानाँ[10] क्यों न हो

इक-न-इक हंगामे पर मौक़ूफ़[11] है जब ज़िन्दगी
मैकदे में रिंद[12] रक़्सानो-ग़ज़लख़्वाँ[13] क्यों न हो

जब फ़रेबों ही में रहना है तो ऐ अहले-ख़िरद[14]
लज़्ज़ते-पैमाने-यारे-सुस्तपैमाँ[15] क्यों न हो

---

1. चिंता 2. अच्छी वस्तुओं की चिंता 3. प्रेयसी की गली की ख़ाक 4. संसार में 5. दार्शनिक 6. बंदी होना 7. अनिवार्य 8. पेचदार केशों का बंदी 9. जीवन 10. प्रेयसी की गली का चक्कर काटना 11. आधारित 12. मद्यप 13. क्यों न नाचें-गाएं 14. बुद्धिजीवी 15. प्रतिज्ञा भंग करने वाली प्रेयसी की प्रतिज्ञा से आनन्दित

यॉं जब आवेज़िश[1] ही ठहरी है तो ज़र्रे[2] छोड़कर
आदमी ख़ुरशीद[3] से दस्तो-गिरेबाँ[4] क्यों न हो

इक-न-इक ज़ुल्मत[5] से जब वाबस्ता रहना है तो 'जोश'
ज़िन्दगी पर साया-ए-ज़ुल्फ़े-परेशाँ[6] क्यों न हो

---

1. संघर्ष 2. अणु 3. सूरज 4. संघर्षशील 5. अँधेरे 6. अस्त-व्यस्त केशों की छाया

2

नागिन बन कर मुझे न डसना बादल
बाराँ[1] की कसौटी पे न कसना बादल
वो पहलेपहल जुदा हुए हैं मुझसे
इस देश में अबकी न बरसना बादल

ऐ फूल, सबा हमेशा महकाये तुझे
ऐ चाँद, कभी घटा न सँवलाये तुझे
इस नींद-भरे लोच से लिल्लाह[2] न चल
डरता हूँ कहीं नज़र न लग जाये तुझे

क्या आज तअर्रुफ़[3] में लजाया कोई
क्या जानिये क्यूँ सँभल न पाया कोई
मैंने जो कहा—'जोश मुझे कहते हैं'
आँखों को झुका के मुस्कुराया कोई

---

1. बरसात की रफ़्तार 2. ख़ुदा के वास्ते 3. परिचय

रुबाइयाँ

हर इल्मो-यक़ीं[1] इक गुमाँ[2], ऐ साक़ी
हर आन[3] है इक ख़्वाबे-गिराँ[4], ऐ साक़ी
अपने को कहीं रख के मैं भूला हूँ ज़रूर
लेकिन ये नहीं याद कहाँ, ऐ साक़ी

किस न हिज से[5] गरदनों के फंदे खोलें
किस बाट से दहर[6] के शदायद[7] तोलें
अपने अल्लाह से ये बातें पूछो
क्या हमको ग़र्ज़ पड़ी है, हम क्यों बोलें

क्यों मुझ से तक़ाज़ा है कि "फंदे खोलो
किस तरह कटे ये पाप, बोलो, बोलो"
बन्दे की तरफ़ शौक़ से आना यारो
मायूस अल्लाह से तो पहले हो लो

बेचारा जिगर के ज़ख़्म धो लेता है
सर बालिशे-ग़म[8] पे रख के सो लेता है
जब राग सुने तो भेद दिल पर ये खुला
दुखिया इन्सान यूँ भी रो लेता है

---

1. ज्ञान, विश्वास 2. भ्रान्ति 3. प्रतिक्षण 4. गहरा स्वप्न 5. तरीके से 6. संसार 7. कठोरताएँ 8. ग़म के तकिये पर

इब्ने-आदम[1] को साहबे-जाह[2] करो
कमबख़्त को अब और न गुमराह करो
'अल्लाह' से इन्सान है कब का वाक़िफ़
इन्सान से इन्सान को आगाह करो

मिक़राज़[3] ख़ुद अपने को कतर जाती है
जम जाती है लौ, आग ठिठुर जाती है
जितना भी उभारती है जिस चीज़ को अक़्ल
उतना ही वे ग़ार में उतर जाती है

जो चीज़ इकहरी थी वो दोहरी निकली
सुलझी हुई जो बात थी उलझी निकली
सीपी तोड़ी तो उससे मोती निकला
मोती तोड़ा तो उसमें सीपी निकली

करती है गुहर[4] को अश्कबारी[5] पैदा
तमकीन[6] को मौजे-बेक़रारी[7] पैदा
सौ बार चमन में जब तड़पती है नसीम[8]
होती है कली पर एक धारी पैदा

---

1. मनुष्य 2. वैभवशाली 3. कैंची 4. मोती 5. आँसुओं की वर्षा 6. उच्चस्थान 7. व्याकुलता की लहर 8. पवन

इक उम्र से ज़हर पी रहा हूँ ऐ दोस्त
सीने के शिगाफ़[1] सी रहा हूँ ऐ दोस्त
गोया सरे-कोहसार[2] तनहा पौदा
यूँ अपने वतन में जी रहा हूँ ऐ दोस्त

मर-मर के जब इक बला से पीछा छूटा
इक आफ़ते-ताज़ादम[3] ने आकर लूटा
इक आबला-ए-नौ से हुआ सीना दोचार[4]
जैसे ही पुराना कोई छाला टूटा

झिझको, ठिठको न एक पल भी शरमाओ,
ये दिल तो अज़ल[5] ही से तुम्हारा है पड़ाओ
ऐ जुमला[6] हवादिसो-ग़मूमो-आफ़ात[7]
बन्दे ही का ये ग़रीबख़ाना[8] है दर आओ[9]

ये हुक्म है, चुप साध लो, आँखें न उठाओ
दो ख़ूब अज़ाँ, धूम से नाक़ूस[10] बजाओ
बोबर पे चने चाब के पानी पीलो
बिस्तर पे गिरो, डकार लो और मर जाओ

---

1. छिद्र 2. पर्वत के शिखर पर 3. नई मुसीबत ने 4. हृदय में नया छाला उत्पन्न हो गया
5. आदिकाल 6. समस्त 7. चिंताओं, दुःखों 8. घर 9. आ जाओ 10. शंख

दाइम[1] हरकत है ज़िन्दगी की दमसाज़[2]
लरज़ाँ[3] वो नशेब[4] है, तो ज़ुबाँ[5] है फ़राज़[6]
मंज़िल पे कमर न खोल ऐ बन्दा-ए-राह[7]
मंज़िल तो है इक ताज़ा सफ़र का आग़ाज़[8]

दुख शे'र से बेहिसाब पाये मैंने
हर साँस में सौ अज़ाब[9] पाये मैंने
उगले जब बहरे-दिल[10] ने सौ लालो-गुहर[11]
तहसीन[12] के कुछ हुबाब[13] पाये मैंने

सर घूम रहा है नाव खेते-खेते
अपने को फ़रेबे - ऐश देते - देते
उफ़-जहदे-हयात[14]! थक गया हूँ माबूद[15]
दम टूट चुका है साँस लेते-लेते

ये रात गये ऐन-तरब[16] के हंगाम[17]
परतौ[18] ये पड़ा पुश्त[19] से किस का सरे-जाम[20]
'ये कौन है?' 'जबरील[21] हूँ' 'क्यों आये हो?'
'सरकार! फ़लक[22] के नाम कोई पैग़ाम?'

---

1. स्थायी 2. मित्र 3. सक्रिय 4. गहराई 5. सक्रिय 6. ऊँचाई 7. राही 8. प्रारम्भ 9. कष्ट 10. हृदय-सागर 11. लाल-मोती 12. प्रशंसा 13. पानी के बुलबुले 14. जीवन-संघर्ष 15. आराध्य (ईश्वर) 16. अति आनन्द 17. समय 18. प्रतिबिम्ब 19. पीछे 20. शराब के प्याले पर 21. एक फ़रिश्ता जो ख़ुदा के आदेश पैग़म्बरों तक पहुँचाता है 22. आकाश (ख़ुदा)

ज़ुल्फ़ें हैं कि ज़ौलीदा-ख़्यालात[1] की रात
ऐ जाने-हया[2]! ठहर भी जा रात की रात
इन तीरह[3] घटाओं में किधर जायेगी
शानों[4] पे लिये हुए ये बरसात की रात

शबनम से न गुल[5] धुलें तो मेरा ज़िम्मा
मोती न अगर रुलें तो मेरा ज़िम्मा
इक दर[6] जो हुआ बन्द तो आई ये सदा[7]
सौ दर न अगर खुलें तो मेरा ज़िम्मा

हर यारे-जफ़ाजू[8] को निबाहा मैंने
समझा हर ज़ख़्मे-दिल[9] को फाहा मैंने
लेकिन अपने से बढ़ के अब तक वल्लाह[10]
दुनिया में किसी को नहीं चाहा मैंने

शानों पे है छिटकी हुई ज़ुल्फ़ों की लटक
ऐ' ज़ा[11] में है ताज़ा शाख़े-गुल[12] की सी लचक
और उसमें ये अँगड़ाई का आ़लम कि न पूछ
बिखरी हुई बदलियों में जिस तरह धनुक[13]

1. उलझे विचारों की 2. लज्जा की जान (लजीला प्रेयसी) 3. काली 4. कन्धों पर 5. फूल 6. दरवाज़ा 7. आवाज़ 8. कठोर मित्र 9. हृदय का घाव 10. ईश्वर की सौगन्ध, सच कहता हूँ 11. अंगों में 12. नई उगी हुई फूलों की डाली 13. इंद्रधनुष

हर सुबह है इक अजीब सौदा[1] मुझको
हर शाम है इक-तरफ़ा तक़ाज़ा मुझको
जुग बीत गया मगर ये अब तक न खुला
आख़िर किस शै की है तमन्ना मुझको

जो दिल की है वो बात नहीं होती है
जो दिन न हो वो रात नहीं होती है
हस्ती है वो तूफ़ान कि अक्सर 'जोश'
अपने से मुलाक़ात नहीं होती है

ऐ ख़्वाब बता, यही हैं, बाग़े-रिज़वाँ[2]
हूरों का कहीं पता, न ग़िलमाँ[3] का निशाँ
इक कुंज में ख़ामोशो-मलूलो-तनहा[4]
बेचारे टहल रहे हैं अल्लाह मियाँ

आजा, मरता हूँ ग़म के मारे, आजा
भीगी हुई रात के शरारे[5] आजा
ऐ शाम का वादा करके जाने वाले
अब डूब रहे हैं देख, तारे, आजा

---

1. उन्माद 2. जन्नत (स्वर्ग) 3. लौडों का 4. मौन, उदास, अकेले 5. चिंगारी

देता नहीं बोस्ताँ[1] भी सहारा मुझको
करती नहीं बुलबुल भी इशारा मुझको
मुरझाए हुए फूल ने हसरत से कहा
अब तोड़ के फैंक दो ख़ुदा-रा[2] मुझको

नेकी की हमें राह बताते रहिये
अल्लाह से हर आन[3] डराते रहिये
पीने वालों को कहते रहिये बेदीन[4]
और शौक़ से माले-ग़ैर खाते रहिये

हर रंग में इबलीस[5] सज़ा देता है
इन्सान को ब-हर-तौर[6] दग़ा देता है
कर सकते नहीं गुनाह जो अहमक़ उनको
बेरूह[7] नमाज़ों में लगा देता है

जन्नत के मज़ों पे जान देने वालो
गंदे पानी में नाव खेने वालो
हर ख़ैर[8] पे चाहते हो सत्तर हूरें
ऐ अपने ख़ुदा से सूद लेने वालो

---

1. बाग़ 2. भगवान के लिए 3. प्रतिक्षण (हर समय) 4. अधर्मी 5. शैतान 6. हर तरीक़े से 7. निर्जीव (व्यर्थ की) 8. नेकी

तुझसे जो फिरेगी तो किधर जायेगी
ले जायेगा जिस सिम्त[1] उधर जायेगी
दुनियाँ के हवादिस[2] से न घबरा कि ये उम्र
जिस तरह गुज़ारेगा, गुज़र जायेगी

गुलशन[3] की रविश[4] पे मुस्कराता हुआ चल
बदमस्त घटा है, लड़खड़ाता हुआ चल
कल ख़ाक में मिल जायेगा ये ज़ोरे-शराब[5]
'जोश' आज तो बाँकपन दिखाता हुआ चल

क़ानून नहीं है कोई फ़ितरत[6] के सिवा
दुनिया नहीं कुछ नमूदे-ताक़त[7] के सिवा
क़ुव्वत[8] हासिल कर और मौला[9] बन जा
मा'बूद[10] नहीं है कोई क़ुव्वत के सिवा

इक उम्र तसव्वुफ़[11] ने मुझे चकराया
इस बहर[12] में एक भी न मोती पाया
हर मर्तबा जबकि जाल खींचा मैंने
तो इक-न-इक वहम[13] अटक कर आया

---

1. ओर 2. दुर्घटनाओं (झगड़ों) से 3. बाग़ 4. पगडंडी 5. यौवन का ज़ोर 6. प्रकृति 7. शक्ति-प्रदर्शन 8. शक्ति 9. भगवान 10. उपास्य (भगवान) 11. सूफ़ीवाद ने 12. समुद्र 13. भ्रम

इक फ़ित्ना[1] है नाक़िसों में[2] कामिल[3] होना
इक क़हर[4] है वाबस्ता-ए-मंज़िल[5] होना
तारीख़ के औराक़[6] जो अल्टे तो खुला
इक जुर्म है अहमक़ों[7] में अ़क़िल[8] होना

"जी हाँ, मस्जिद यहीं है आगे बढ़कर
हाजी ग़फ़्फ़ार की दूकाँ के ऊपर"
"लेकिन-लेकिन..." "जनाब, लेकिन कैसी?"
"मैं पूछ रहा था कि है–मैख़ाना किधर"

मय इल्म[9] की पीना ही न आया अब तक
साहिल पे सफ़ीना[10] ही न आया अब तक
इक नोच-खसौट है ख़ुशी की बाहम[11]
इन्सान को जीना ही न आया अब तक

इन्साफ़! बुतों की चाह देने वाले
हुस्न उनको, मुझे निगाह देने वाले
किसी मुँह से मुझे हश्र[12] में देगा ताज़ीर[13]
दिल को हविसे-गुनाह[14] देने वाले

---

1. बला 2. तुच्छ व्यक्तियों में 3. योग्य 4. आफ़त 5. सुमार्ग-रत 6. इतिहास के पृष्ठ 7. मूर्खों में 8. बुद्धिमान 9. ज्ञान-सुरा 10. नौका 11. परस्पर 12. प्रलय के दिन 13. दंड 14. पापों की कामना

हर दावा-ए-इर्तिक़ा[1] को माना मैंने
हर गोशा-ए-कायनात[2] छाना मैंने
सब जान चुका तो ये हरीफ़े-दमसाज़[3]
मैं कुछ नहीं जानता, ये जाना मैंने

तारीफ़ न कर रफ़ीके-जानी[4]! मेरी
पामाल[5] बहुत है ज़िन्दगानी मेरी
ये मुझ में शराफ़त जो नज़र आती है
बुनियाद है इस की नातवानी[6] मेरी

फ़ित्ने[7] की नदी में नाव खेता हूँ मैं
धोके की हवा में साँस लेता हूँ मैं
इतने कोई दुश्मन को भी देता नहीं ज़ुल[8]
जितने ख़ुद को फ़रेब देता हूँ मैं

ख़ंजर है कोई तो तेग़े-उरियाँ[9] कोई
सरसर[10] है कोई तो बादे-तूफ़ाँ[11] कोई
इन्सान कहाँ है? किस कुर्रे[12] में गुम है
याँ तो कोई 'हिन्दू' है 'मुसलमाँ' कोई

---

1. ब्रह्मांड के विकास की बातों को 2. ब्रह्मांड का कोना 3. मित्र, सहचर 4. प्राण-सखा 5. दबी-कुचली 6. कमज़ोरी 7. झगड़ों की 8. धोखा 9. नंगी तलवार 10. शीतल वायु 11. तूफ़ानी हवा 12. मंडल में

जिस वक़्त झलकती है मनाज़िर[1] की जबीं[2]
रासिख़[3] होता है ज़ाते-बारी[4] का यक़ीं
करता हूँ जब इन्सान की तबाही पे नज़र
दिल पूछने लगता है, "ख़ुदा है कि नहीं?"

जीना है तो जीने की मोहब्बत में मरो
ग़ारे-हस्ती[5] को नेस्त[6] हो हो के भरो
नौ-ए-इन्साँ[7] को दर्द अगर है दिल में
अपने से बुलन्दतर[8] की तख़लीक़[9] करो

मख़लूक[10] तेरी ख़िदमत से बहुत डरता है
अपने ही लिए आठ पहर मरता है
अफ़सोस तेरा इना-ए-जामिद[11] ऐ शख़्स
अपने से तजावुज़ ही नहीं करता[12] है

इस ज़ाहिरी सूरत पे ग़रीबों की न जाओ
कर देंगे अमीरों का ये इक दिन सुथराओ
दिल से जो टपकती हैं लहू की बूँदें
हर बूँद में होता है समन्दर का डुबाओ

---

1. प्राकृतिक दृश्यों का 2. माथा 3. सुदृढ़ 4. ईश्वर का 5. जीवन के गढ़े को 6. नष्ट 7. मानव जाति 8. उच्चतर 9. निर्माण 10. मनुष्य 11. जड़ आत्म-प्रवंचना 12. ऊपर ही नहीं उठता

जिस चाल से बढ़ रही है फ़ौजे-बुरहान[1]
औहाम[2] का क़तअ़[3] हो रहा है वीरान
जितना इन्सान बन रहा है अल्लाह
अल्लाह उतना ही बन रहा है इन्सान

अल्फ़ाज़[4] हैं नागिन-सी जवानी के डसे
अनफ़ास[5] महकते हुए होठों में बसे
यूँ दिल को जगा रहा है तेरा लहज़ा[6]
जिस तरह सितार के कोई तार कसे

जाने वाले क़मर[7] को रोके कोई
शब[8] के पैके-सफ़र[9] को रोके कोई
थक के मेरे जान पे वो सोया है अभी
रोके रोके सहर[10] को रोके कोई

हर ग़ार[11] महो-साल[12] से पट जाता है
साया हो कि धूप वक़्त कट जाता है
ग़म है मानिन्दे-बर्फ़[13] ऐसा इक बोझ
हर ग़म पे जिसका वज़न घट जाता है

---

1. तर्क की सेना (तर्क) 2. भ्रान्तियों का 3. क्षेत्र 4. शब्द 5. श्वास 6. स्वर 7. चाँद 8. रात 9. रात्रि-दूत 10. सुबह 11. गड्ढा 12. महीनों-वर्षों (समय) से 13. बरफ़ जैसा

ऐ उम्रे-रवाँ[1] की रात, आहिस्ता गुज़र
ऐ मंज़रे-कायनात[2], आहिस्ता गुज़र
इक शै पे भी जमने नहीं पाती है निगाह
ऐ क़ाफ़िला-ए-हयात[3], आहिस्ता गुज़र

हर ग़म मए-गुलरंग[4] से थर्राता है,
आलामे-जहाँ का[5] मुँह उतर जाता है,
लेकिन जिसे कहते हैं ग़मे-इश्क़ ऐ 'जोश'
वो नशे में कुछ और भी बढ़ जाता है

ये सिलसिला-ए-लामितनाही[6] है कि ज़ुल्फ़[7]
गहवाराए-बादे-सुबहगाही[8] है कि ज़ुल्फ़
ऐ जाने-शबाब[9] दोशे-सीमीं[10] पे तेरी
धुनकी हुई रात की सियाही है कि ज़ुल्फ़

क्या शैख़ की ख़ुश्क ज़िन्दगानी गुज़री
बेचारे की इक शब[11] न सुहानी गुज़री
दोज़ख़ के तख़य्युल[12] में बुढ़ापा बीता
जन्नत की दुआओं में जवानी गुज़री

---

1. व्यतीत होती हुई आयु 2. सृष्टि के दृश्य 3. जीवन के कारवाँ 4. गुलाब के रंग की मदिरा 5. संसार के दुःखों का 6. कभी समाप्त न होने वाला सिलसिला 7. केश 8. प्रभात-समीर का हिंडोला 9. यौवन की जान (युवती) 10. रजत कन्धों पर 11. रात 12. विचारों में

अरमान है वो धूप कि ढलती ही नहीं
हसरत वो शै है जो निकलती ही नहीं
मतलूब[1] तो हर रोज़ बदल जाते हैं
कमबख़्त तलब[2] है कि बदलती ही नहीं

ग़ुंचे![3] तेरी ज़िन्दगी पे दिल हिलता है
बस एक तबस्सुम[4] के लिए खिलता है
ग़ुंचे ने कहा कि "इस चमन में बाबा
ये एक तबस्सुम भी किसे मिलता है"

आते नहीं जिनको और धंदे साक़ी
औहाम[5] के बुनते हैं वो फंदे साक़ी
जिस मै को छुड़ा न सका अल्लाह अब तक
उस मै को छुड़ा रहे हैं बंदे साक़ी

ग़ालिब[6] है मेरा जज़्ब-ए-ग़ैरत[7] मुझ पर
इक क़हर है नाक़िसों की सौलत[8] मुझ पर
ज़ाहिद अगर आज मै को जाइज़ कर दे
इक क़तरा भी फिर पी जाऊँ तो लानत मुझ पर

---

1. वे चीज़ें जिनको प्राप्त करने की इच्छा हो 2. इच्छा 3. कली 4. मुस्कान के 5. भ्रमों के; व्यर्थ बातों के 6. हावी 7. स्वाभिमान की भावना 8. अयोग्य व्यक्तियों का आतंक

बुतसाज़[1] है तौक़ीर[2] के क़ाबिल, माना
लेकिन उसको मेरे बराबर न बिठा
पत्थर को तराशकर बनाता है वो बुत
मैं बुत को तराशकर बनाता हूँ ख़ुदा

बिगड़ी हुई अक़्ल से हिमाक़त बेहतर
धोके की मोहब्बत से अदावत[3] बेहतर
शैतानो-अबुजहल[4] की अज़मत[5] की क़सम
सौ बार गुलामी से बग़ावत बेहतर

फिर लुत्फ़[6] की चादर सरों पर तन जायें
फिर ख़ैर से यक-जान-ओ-दो-क़ालिब[7] बन जायें
हम तुम रूठे रहेंगे आख़िर कब तक
क्या उम्र का एतबार, आओ मन जायें

आगाही-ए-इल्मो-फ़न[8] नहीं है ऐ दोस्त
अस्तबल[9] है अंजुमन[10] नहीं है ऐ दोस्त होता
है वतन हर इक बशर[11] का लेकिन
मेरा कोई वतन नहीं है ऐ दोस्त

---

1. मूर्ति बनाने वाला 2. आदर 3. दुश्मनी 4. शैतान और महामूर्खों की 5. महानता की 6. प्रेम की 7. एक जान दो शरीर 8. ज्ञान और कला की जानकारी 9. घुड़साल 10. सभा 11. मनुष्य का

कल मोतियों को रोल दिया साक़ी ने
सोने में मुझे तोल दिया साक़ी ने
ये सुनके कि खुलता नहीं मक़सूदे-हयात[1]
मैख़ाने का दर[2] खोल दिया साक़ी ने

क्या शैख़ मिलेगा गुलाफ़िशानी करके
क्या पायेगा तौहीन-जवानी करके
तू आतिशे-दोज़ख़ से[3] डराता है उन्हें
जो आग को पी जाते हैं पानी करके

मरने पे नवेद-जाँ[4] मिले न मिले
ये कुंज, ये बोस्ताँ[5], मिले न मिले
पीने में कसर न छोड़ ऐ ख़ाना-खराब,
मालूम नहीं वहाँ मिले ने मिले

हम दोनों हैं ऐ फ़क़ीर! दीवाने से
मतलब है फ़क़त दिल के बहल जाने से
हर शामो-सहर[6] करते हैं ऐयाशी हम
तू ज़र्फ़े-वुज़ू[7] से और मैं पैमाने[8] से

1. जीवन-उद्देश्य 2. दरवाज़ा 3. नरक की आग से 4. जीवन का निमन्त्रण 5. उद्यान 6. सुबह-शाम
7. वुज़ू के बर्तन (लोटे) से 8. मधुपात्र (प्याले) से

मर्ज़ी हो तो सूली पे चढ़ाना या रब
सौ बार जहन्नुम में जलाना या रब
माशूक़ कहें "आप हमारे हैं बुज़ुर्ग"
नाचीज़[1] को ये दिन न दिखाना या रब

अपने ही से कस्बे-नूर[2] करता हूँ मैं
कब ख़्वाहिशे-बर्क़े-तूर[3] करता हूँ मैं
बन्दे मेरे नाज़े-शायरी से न बिगड़
अल्लाह से भी ग़रूर करता हूँ मैं

काकुल[4] खुल कर बिखर रही है गोया
नरमी से नदी गुज़र रही है गोया
आँखें तेरी झुक रही हैं मुझसे मिलकर
दीवार से धूप उतर रही है गोया

हम रहते हैं तश्ना[5] छक के पीने के लिए
गिरदाब[6] में फँसते हैं सफ़ीने[7] के लिए
जीते हैं तो मरने के लिए जीते हैं
मरते हैं तो बेदरेग़[8] जीने के लिए

1. मुझ तुच्छ प्राणी को 2. ज्योति प्राप्त 3. भाव यह है कि मैं ईश्वर से प्रकाश पाने की बजाय स्वयं अपने-आपको प्रकाशमान कर रहा हूँ (पर्वत 'तूर' पर हज़रत मूसा ने बिजली के रूप में ईश्वर के दर्शन किए थे) 4. केशों की लट 5. प्यासे 6. भँवर 7. नाव 8. निःसंकोच

दिन होते न ज़र्द-रू[1], न रातें ही सियाह
भूले से भी इक लब[2] पे न आती कभी आह
इन्सान के दिल को न छू सकते आलाम[3]
मेरा सा अगर शफ़ीक़[4] होता अल्लाह

तक़दीर की ये दरोग़बानी[5], अफ़सोस
बर्ताव ये रहमत[6] के मनाफ़ी[7], अफ़सोस
फ़ाक़े का शिकार हैं करोड़ों बन्दे,
अल्लाह की ये वादा-ख़िलाफ़ी, अफ़सोस

पछताई सबा[8] ज़ुल्फ़ की ख़ुशबू बनकर
अरमान भागे फ़िज़ा[9] में जुगनू बनकर
देखा जो हिज्र[10] में सू-ए-अंजुम[11]
टपकी आँखों से रात आँसू बनकर

दुनिया में हैं बेशुमार आने वाले
आते ही रहेंगे रोज़ जाने वाले
इर्फ़ाने-हयात[12] हो मुबारक तुझको
ऐ शिद्‌दते-ग़म पे मुस्कुराने वाले

---

1. पीले मुँह वाले 2. होंठ 3. दुःख 4. स्नेही 5. झूठ बोलना 6. अनुकम्पा 7. विरुद्ध 8. प्रभात समीर 9. शून्य 10. जुदाई 11. सितारों की ओर 12. जीवन का ज्ञान

आयेगा न जाने कब ज़माना अपना
आगे कई सदियों है तराना अपना
कुदरत से मिला है मुझको सद हैफ़[1] ये हुक्म
बहरों को सुनाये जा फ़साना अपना

अक्सर इनाम क़हर बन जाता है
य बहर[2], कसीफ़ नहर[3] बन जाता है
वो इल्म की अक्सीर है इंसां के लिए
गर हज़्म न हो तो ज़हर बन जाता है

अब मत्रबे-वक़्त[4] का तराना है कुछ और
बदली हुई दुनिया का फ़साना है कुछ और
हाँ, नाजुकिए-तबा की रोके हुए बाग[5]
शब्बीर हसन खाँ, ये ज़माना है कुछ और

---

1. हाय-हाय 2. समुद्र 3. उथली और संकरी नहर 4. युग के गायक 5. नाजुक तबियत की डोर या लगाम कसे हुए

शे’र

कुछ चुने हुए शे'र

दिल की पामाली[1] पे नादाँ को तरस खाने भी दो
रोकने से फ़ायदा नासेह[2] को समझाने भी दो

तुझ को इन नींद की तरसी हुई आँखों की क़सम
अपनी रातों को मेरे हिज्र[3] में बरबाद न कर

मुस्कराते हुए यूँ आये वो मैख़ाने में
रुक गयी साँस छलकते हुए पैमाने में

आज फिर बेदार[4] मेरे दिल में उनकी याद है
ऐ ज़मीं फ़रियाद है, ऐ आस्माँ फ़रियाद है

किस तरह क़ुर्बे-यार[5] पर शुक्रे-ख़ुदा करूँ
अब भी है दिल में कोई तमन्ना-सी, क्या करूँ

देख जाओ कि होश आया है
फिर हमारी ख़बर न पाओगे

शब को आँखें लड़ीं, हुए ख़ामोश
सुबह देखा तो राज़ अफ़शा[6] था

---

1. बरबादी 2. उपदेशक 3. बिछोह 4. जगी हुई 5. प्रेयसी के सामीप्य 6. प्रकट

ज़िन्दगी थी और ज़मीं की मुस्तक़िल पाबोसियाँ[1]
अब मेरी तुर्बत[2] पे झुकने आस्माँ आया तो क्या
जंगलों में जो मुसाफ़िर सर पटककर मर गया
अब उसे आवाज़ देता कारवाँ आया तो क्या

आड़े आया न कोई मुश्किल में
मशविरे देके हट गये अहबाब[3]
हाँ असर अब हुआ मोहब्बत का
हमसे आने लगा है उनको हिजाब[4]
शब जो बैठे वो मेरे पहलू में
मुस्कराने लगी शबे-महताब[5]
'जोश' खिलती थी जिनसे दिल की कली
कैसे वो लोग हो गए नायाब[6]

हम भी आख़िर ख़ुदा के बंदे हैं
कोई हद भी है, ओ सितम-ईजाद[7]

आने वाली है क्या बला सर पर
आज फिर दिल में दर्द है कम-कम

1. जीवन भर झुकने को मजबूर रहे 2. क़ब्र 3. इष्ट मित्र 4. लाज 5. चाँदनी रात 6. अप्राप्य 7. अत्याचारी

पा चुका ताअ़ज[1] की लज़्ज़त, दर्द के पहलू भी देख
शैख़! आ मेहराब से बाहर ख़मे-अबरू[2] भी देख
फ़र्शे-मसजिद से उठा भी ख़ाक-आलूदा जबीं[3]
रख के ज़ेरे-सर किसी माशूक़ का ज़ानू भी देख

ये माना दोनों ही धोके हैं रिन्दी[4] हो कि दरवेशी[5]
मगर ये देखना है कौन-सा रंगीन धोका है
खिलौना तो निहायत शोख़ो-रंगीं है तमद्दुन[6] का
मो'तारिफ़[7] मैं भी हूँ लेकिन खिलौना फिर खिलौना है
मुझे मालूम है जो कुछ तमन्ना है रसूलों[8] की
मगर क्या दरहक़ीक़त[9] वो ख़ुदा की ही तमन्ना है

ऐसे चुप तो कभी न थे तुम 'जोश'
सच बताओ ये माजरा क्या है

हुई ये यक-व-यक[10] किस से मुलाक़ात
कि खुद अपने को याद आने लगा मैं

शिकस्ता[11] होंगे रबाब[12] क्या-क्या, तबाह होंगे शबाब[13] क्या-क्या
चलेंगे पीरी[14] के वार कितने, मगर ज़माना जवाँ रहेगा

---

1. आराधना की 2. भृकुटी का झुकाव 3. धूल भरा माथा 4. मद्यपान 5. फ़क़ीरी 6. संस्कृति का 7. मानने वाला 8. अवतारों, पैग़म्बरों की 9. वास्तव में 10. एकाएक 11. भग्न 12. साज़ 13. यौवन 14. बुढ़ापे

ये मोती हैं कि आँसू, फ़ैसला करने से डरता हूँ
चमक पर जब हयाते-आरज़ी[1] की ग़ौर करता हूँ

ऐ आसमान! तेरे ख़ुदा का नहीं है ख़ौफ़
डरते हैं ऐ ज़मीन! तेरे आदमी से हम

वो ख़ुद अता[2] करे तो जहन्नुम[3] भी है बहिश्त[4]
माँगी हुई निजात[5] मेरे काम की नहीं

सैकड़ों हूरों का हर नेकी पे है इनको यक़ीं
सूद[6] लेने में ख़ुदा से भी ये शर्माते नहीं

हरम[7] हो, मदरसा[8] हो, दैर[9] हो, मस्जिद कि मैख़ाना
यहाँ तो सिर्फ़ जलवे[10] की तमन्ना है कहीं आजा

मेरे रोने का जिसमें क़िस्सा है
उम्र का बेहतरीन हिस्सा है

मौत से क़ब्ल[11] ज़िंदगी कैसी
जी रहा हूँ अभी ख़ुशी कैसी

---

1. अस्थायी जीवन की 2. प्रदान 3. नरक 4. स्वर्ग 5. मुक्ति 6. मुसलमानों में सूद लेना हराम है।
7. काबा की चारदीवारी 8. पाठशाला 9. मन्दिर 10. साक्षात् देखने की 11. पूर्व

बर्ताव दोस्ती की हद से निकल गए हैं
या तुम बदल गए या हम बदल गए हैं

तुम्हारे सामने क्यों अश्क[1] मेरा बह नहीं सकता
इसे महसूस कर सकता हूँ लेकिन कह नहीं सकता

सब्र की ताक़त जो कुछ दिल में है खो देता हूँ मैं
जब कोई हमदर्द मिलता है तो रो देता हूँ मैं

जिसको तुम भूल गए याद करे कौन उसे
जिसको तुम याद हो वो और किसे याद करे

ऐ दोस्त! दिल में गर्दे-कदूरत[2] न चाहिए
अच्छा तो क्या बुरों से भी नफ़रत न चाहिए
कहता है कौन, फूल की रग़बत[3] न चाहिए
काँटे से भी मगर तुझे वहशत[4] न चाहिए
काँटे की रग में भी है लहू सब्ज़ाज़ार[5] का
पाला हुआ है वो भी नसीमे-बहार[6] का

कौन ये दर[7] खटखटाता है मेरा पूछे कोई
ख़ैर[8] हो क्या इस तरफ़ भी आ गए अहले-ज़मीं[9]

---

1. आँसू 2. द्वेष-भाव का मैल 3. स्नेह 4. घबराहट, नफ़रत 5. बाग़ का 6. वसन्त की हवा का
7. दरवाज़ा 8. कुशल हो 9. पृथ्वी निवासी

"आये हैं दुनिया के कुछ अवतार मुजरे[1] को हुज़ूर"
"कह दो वापिस जायें मिलने की मुझे फ़ुर्सत नहीं"

जो नामुराद कि करता नहीं गुनाह कोई
वो हक़्के-हज़रते-आदम[2] अदा नहीं करता

ये सुन कर हमने मैख़ाने में अपना नाम लिखवाया
जो मैकश[3] लड़खड़ाता है वो बाज़ू थाम लेते हैं
सहर[4] तक चाँद मेरे सामने रखता है अ़क्स[5] उनका
सितारे शब[6] को मेरे साथ उनका नाम लेते हैं
नहीं मालूम क्या खोई हुई शै याद आती है
हवा जब सर्द चलती है कलेजा थाम लेते हैं

जो मौक़ा मिल गया तो ख़िज़्र[7] से ये बात पूछेंगे
जिसे हो जुस्तजू[8] अपनी, वो बेचारा कहाँ जाए

अब तो अक्सर ये हाल होता है
साँस लेना वबाल[9] होता है
आह करना तो क्या तेरे आगे
बात करना मुहाल होता है

---

1. प्रणाम करने को 2. इस्लामी जनश्रुति के अनुसार प्रथम मनुष्य ने गेहूँ खाकर खुदा के आदेश की अवहेलना की थी, उसी ओर संकेत है 3. मद्यप 4. सुबह 5. प्रतिबिम्ब 6. रात 7. एक दीर्घ-आयु पैग़म्बर (ख़ुदा की तलाश में भटने वाला) 8. तलाश 9. अत्यन्त कठिन, मुसीबत

कहा जाता है मुझ से ज़िन्दगी इनआ़मे-क़ुदरत[1] है
सज़ा क्या होगी उसकी, जिसका ये इनआ़म है साक़ी
तबस्सुम[2] इक बड़ी दौलत है, मैं इसका क़ाइल हूँ
मगर ये आँसुओं का एक शीरीं[3] नाम है साक़ी
लड़कपन ज़िद में रोता था, जवानी दिल को रोती है
न जब आराम था साक़ी, न अब आराम है साक़ी

कहते हैं अहले-जहाँ[4] इश्क़े-मजाज़ी[5] जिसको
वो भी है ऐन हक़ीक़त[6], मुझे मालूम न था
दिल जब आता है तो दुनिया के किसी गोशे[7] में
नहीं लगती है तबीयत, मुझे मालूम न था
जिसको भटका हुआ इन्सान ख़ुशी कहता है
वो भी है ग़म की अमानत, मुझे मालूम न था
पहलू-ए-यार में भी ख़ुशी नहीं होने देगी
इतनी ज़ालिम है मशीयत[8], मुझे मालूम न था

कोई हद ही नहीं इस एहतिरामे-आदमीयत[9] की
बदी[10] करता है दुश्मन और हम शरमाये जाते हैं
बहुत जी ख़ुश हुआ ऐ हमनशीं! कल 'जोश' से मिलकर
अभी अगली शराफ़त के नमूने पाये जाते हैं

---

1. प्रकृति का पुरस्कार 2. मुस्कान 3. मधुर 4. संसार वाले 5. भौतिक प्रेम 6. बिलकुल वास्तविकता
7. कोने 8. दैवेच्छा 9. मानवता के सम्मान की 10. दुष्टता

आई वो और मैं न था मौजूद
यूँ दुआ़एँ क़ुबूल होती हैं

दिल के लिए शरारे-जहन्नुम[1] से कम नहीं
वो हरफ़े-आरज़ू[2] जो ज़बाँ से अदा न हो

सितारा-ए-सुबह[3] की रसीली झपकती आँखों में हैं फ़साने[4]
निगारे महताब[5] की नशीली निगाह जादू जगा रही है
कली पे बेले की किस अदा से पड़ा है शबनम का एक मोती
नहीं, ये हीरे की कील पहने कोई परी मुस्कुरा रही है
शलोका पहने हुए गुलाबी हर इक सुबक[6] पंखड़ी खड़ी है
रंगी हुई सुर्ख़ ओढ़नी का हवा में पल्लू सुखा रही है

ऐ मेरे वादे भूलने वाले
डूबने के क़रीब हैं तारे
'जोश' से कल जो नाम इक पूछा
हो गया ज़र्द शर्म के मारे

1. नरक की आग 2. आकांक्षा रूपी शब्द 3. सुबह के सितारे को 4. कहानियाँ 5. चाँद की प्रतिमा 6. कोमल

नहंगों[1] का समन्दर हूँ दरिंदों[2] का बयाबाँ हूँ
अंदू[3] से क्या ग़रज़ अपनों से ही दस्तो-गिरेवाँ[4] हूँ
ख़ुदा के फ़ज़्ल[5] से बदबख़्त हूँ, बुज़दिल हूँ, नादाँ हूँ
मेरी गर्दन में है तौक़े ग़ुलामी पा-ब-जौलाँ[6] हूँ
दरे-आक़ा[7] पे सर है, कफ़श-बरदारी[8] पे नाजाँ[9] हूँ

❑❑❑

---

1. घड़ियालों का 2. जंगली जानवर 3. दुश्मन 4. लड़ रहा हूँ 5. कृपा से 6. पाँव में बेड़ियाँ पहने हुए 7. स्वामी की चौखट पर 8. जूते उठाने पर 9. गर्वी

www.ingramcontent.com/pod-product-compliance
Ingram Content Group UK Ltd.
Pitfield, Milton Keynes, MK11 3LW, UK
UKHW040042200726
13854UKWH00001B/497